本书获 本书获国家社科基金重大项目"人工智能对制造业转型升级的影响与治理体系研究"（项目编号：23&ZD090）
教育部人文社会科学研究青年基金项目"智能制造企业商业模式的类型识别、动态评价及影响机制研究"（项目编号：23YJC630099） 资助

智能制造企业商业模式：
类型、前因及绩效

李忠顺　谢卫红　著

图书在版编目（CIP）数据

　　智能制造企业商业模式：类型、前因及绩效/李忠顺，谢卫红著. —广州：华南理工大学出版社，2024.5
　　ISBN 978-7-5623-7695-8

　　Ⅰ. ①智… Ⅱ. ①李… ②谢… Ⅲ. ①智能制造系统-制造工业-企业创新-研究-中国 Ⅳ. ①F426.4

　　中国国家版本馆CIP数据核字（2024）第063451号

Zhineng Zhizao Qiye Shangye Moshi：Leixing Qianyin Ji Jixiao
智能制造企业商业模式：类型、前因及绩效
李忠顺　谢卫红　著

出 版 人：柯　宁
出版发行：华南理工大学出版社
　　　　　（广州五山华南理工大学17号楼　邮编：510640）
　　　　　http://hg.cb.scut.edu.cn　E-mail: scutc13@scut.edu.cn
　　　　　营销部电话：020-87113487　87111048（传真）
策划编辑：王　磊
责任编辑：付爱萍
责任校对：梁樱雯　洪　静
印 刷 者：广州市人杰彩印厂
开　　本：787mm×960mm　1/16　印张：11　字数：198千
版　　次：2024年5月第1版
印　　次：2024年5月第1次印刷
定　　价：58.00元

版权所有　盗版必究　印装差错　负责调换

前　言

智能制造是制造强国建设的主攻方向，其发展程度直接关乎我国制造业质量水平。发展智能制造对于国家巩固实体经济根基、建成现代化产业体系、实现新型工业化具有重要作用。近年来，我国陆续出台了相关政策，大力推进智能制造。2015年，国务院发布实施制造强国战略第一个十年行动纲领《中国制造2025》，提出实现制造强国的战略任务和重点之一是要推进信息化和工业化的深度融合，要把智能制造作为"两化"深度融合的主攻方向。2016年，工业和信息化部（以下简称"工信部"）、财政部发布《智能制造发展规划（2016—2020年）》，提出智能制造发展"两步走"战略。2021年，工信部、国家发展和改革委员会（以下简称"发改委"）等八部门印发《"十四五"智能制造发展规划》并指出，必须站在新一轮科技革命和产业变革与我国加快高质量发展的历史性交汇点，要坚定不移地以智能制造为主攻方向，推动产业技术变革和优化升级，推动制造业产业模式和企业形态根本性转变，以"鼎新"带动"革故"。

在实践中，智能制造作为一种革命性制造范式，对制造企业的商业模式产生了深远影响。在传统制造业中，企业依赖标准化的生产流程和成本控制来维持竞争力。然而，智能制造的兴起打破了这一模式，它通过高度的自动化、强大的数据分析和联网能力，推动了生产效率和产品质量的显著提升。这不仅是对生产流程的改进，更是一场商业模式的根本性革命。智能制造使企业能够更加灵活地应对市场需求的变化。通过实时数据分析和模型预测，企业可以快速调整生产线，从而更加有效地满足消费者需求。这种灵活性在市场竞争日益激烈的今天尤为重要。智能制造还催生了新的商业机会。例如，通过收集和分析生产过程中的数据，企业可以提供定制化的产品和服务，从而创造新的收入来源。同时，智能制造促进了制造业与其他行业的融合，如与信息技术、大数据分析和物联网等领域的结合，为企业创新提供了新的视角和可能性。

可以说，商业模式是智能制造过程中不可回避的重大议题。然而，时至今日，依然有大量制造企业面临商业模式概念模糊、形成机制不清、价值难以实现等现实挑战。这些问题都可以归因于企业在推进智能制造过程中缺乏对新情境下商业模式的深入理解和清晰认识。当前，理论界尚未形成能够系统性地指导实践的理念和方法论体系，我国制造企业在商业模式领域迫切需要获得系统化的理论诠释，以更好地指导实践。鉴于此，本书以我国智能制造的先锋者（智能制造企业）为研究对象，对智能制造企业商业模式的内涵、类型、前因及绩效等问题展开研究，以期为推动智能制造企业商业模式高质量发展提供理论参考。

全书分为七章。第一章为绪论。该部分主要包括研究背景及意义，相关核心概念、研究目的、研究内容、研究方法及技术路线等。第二章为文献综述。该部分主要是对智能制造企业商业模式类型、前因、绩效以及主要相关理论基础进行文献梳理和总结。第三章为智能制造企业商业模式分类研究。该部分主要从理论层面梳理了四类智能制造企业商业模式，构建了智能制造企业商业模式"一体四型"的分类框架。第四章为智能制造企业商业模式前因分析与模型构建。该部分内容主要提炼了影响智能制造企业商业模式的六个因素，并深入分析了其前因组态。第五章为智能制造企业商业模式前因组态实证分析。该部分主要选取415家样本企业，采用定性比较分析方法，研究了智能制造企业商业模式的四种组态。第六章为智能制造企业商业模式与绩效关系研究。该部分基于组织构型视角，采用回归分析方法，分别检验了经验分类下四种智能制造企业商业模式对绩效（市场绩效、财务绩效）的影响。第七章为结论与展望。该部分主要对前面章节的研究结论、创新点等进行总结，并对未来研究进行了展望。

本书的创新之处在于几个关键领域的突破。首先，在服务化与数字化维度，对智能制造企业商业模式进行了新颖的理论分类，不仅拓展了现有分类研究的情境，也深化了其理论内涵。其次，借助适应性结构化理论，揭示了智能制造企业商业模式的前因组态，丰富了对商业模式影响因素的讨论议题。再者，本书从构型视角丰富并拓展了企业商业模式与绩效的关系，拓宽了组织构型理论的应用领域和理论边界。最后，综合多种研究方法，确保了研究的逻辑连贯性和结论的科学性，体现了创新性。

本书是基于前期研究工作而形成的，主要面向学术界的研究者与高等教育机构的教师和学生，尤其是专注于经济学、管理学和工业工程等领域的人士。此外，它也适用于制造业的管理者和决策者，为他们在智能制造和商业模式创新方面提供理论指导。同时,本书对于政策制定者也具有参考价值,可以帮助他们更好地理解和推动智能制造领域的发展。

本书的主体内容撰写主要由李忠顺博士负责并完成;谢卫红教授以其深邃的学术洞察力和丰富的实践经验,为前期研究和本书内容提供了全面而细致的指导,她的悉心指导和支持是顺利完成本书的关键。同时,非常感谢广东工业大学经济学院工业数字经济团队各位老师的指导与支持,特别感谢团队王忠教授、王永健副教授、邹玉坤博士、郑迪文博士等对本书的章节内容设计与勘误作出的宝贵贡献。感谢广东省哲学社会科学重点实验室——数字经济与数据治理实验室对本书的数据搜集与分析等方面的工作提供的大力支持。感谢华南理工大学出版社在本书出版过程中的专业协助和支持。感谢我的家人,他们的理解、关怀和支持是我写作过程中不可或缺的力量。当然,本书仍可能有所不足,衷心期待同行专家和广大读者提出宝贵的批评和建议。

作者
2024 年 4 月

目　录

第1章　绪论 ⋯⋯⋯⋯⋯⋯⋯⋯⋯⋯⋯⋯⋯⋯⋯⋯⋯⋯⋯⋯⋯⋯⋯⋯⋯⋯ 1
1.1　研究背景 ⋯⋯⋯⋯⋯⋯⋯⋯⋯⋯⋯⋯⋯⋯⋯⋯⋯⋯⋯⋯⋯⋯⋯ 1
1.1.1　现实背景 ⋯⋯⋯⋯⋯⋯⋯⋯⋯⋯⋯⋯⋯⋯⋯⋯⋯⋯⋯⋯ 1
1.1.2　理论背景 ⋯⋯⋯⋯⋯⋯⋯⋯⋯⋯⋯⋯⋯⋯⋯⋯⋯⋯⋯⋯ 4
1.2　研究意义 ⋯⋯⋯⋯⋯⋯⋯⋯⋯⋯⋯⋯⋯⋯⋯⋯⋯⋯⋯⋯⋯⋯⋯ 7
1.2.1　理论意义 ⋯⋯⋯⋯⋯⋯⋯⋯⋯⋯⋯⋯⋯⋯⋯⋯⋯⋯⋯⋯ 7
1.2.2　实践意义 ⋯⋯⋯⋯⋯⋯⋯⋯⋯⋯⋯⋯⋯⋯⋯⋯⋯⋯⋯⋯ 8
1.3　研究目的与研究内容 ⋯⋯⋯⋯⋯⋯⋯⋯⋯⋯⋯⋯⋯⋯⋯⋯⋯⋯ 9
1.3.1　概念界定 ⋯⋯⋯⋯⋯⋯⋯⋯⋯⋯⋯⋯⋯⋯⋯⋯⋯⋯⋯⋯ 9
1.3.2　研究目的 ⋯⋯⋯⋯⋯⋯⋯⋯⋯⋯⋯⋯⋯⋯⋯⋯⋯⋯⋯ 12
1.3.3　研究内容 ⋯⋯⋯⋯⋯⋯⋯⋯⋯⋯⋯⋯⋯⋯⋯⋯⋯⋯⋯ 13
1.4　研究方法和技术路线 ⋯⋯⋯⋯⋯⋯⋯⋯⋯⋯⋯⋯⋯⋯⋯⋯⋯ 14
1.4.1　研究方法 ⋯⋯⋯⋯⋯⋯⋯⋯⋯⋯⋯⋯⋯⋯⋯⋯⋯⋯⋯ 14
1.4.2　技术路线 ⋯⋯⋯⋯⋯⋯⋯⋯⋯⋯⋯⋯⋯⋯⋯⋯⋯⋯⋯ 17

第2章　文献综述 ⋯⋯⋯⋯⋯⋯⋯⋯⋯⋯⋯⋯⋯⋯⋯⋯⋯⋯⋯⋯⋯⋯ 19
2.1　智能制造企业商业模式分类相关研究 ⋯⋯⋯⋯⋯⋯⋯⋯⋯⋯ 19
2.2　智能制造企业商业模式影响因素相关研究 ⋯⋯⋯⋯⋯⋯⋯⋯ 23
2.3　智能制造企业商业模式与绩效关系的相关研究 ⋯⋯⋯⋯⋯⋯ 29
2.4　相关理论基础 ⋯⋯⋯⋯⋯⋯⋯⋯⋯⋯⋯⋯⋯⋯⋯⋯⋯⋯⋯⋯ 30
2.4.1　服务主导逻辑 ⋯⋯⋯⋯⋯⋯⋯⋯⋯⋯⋯⋯⋯⋯⋯⋯⋯ 30
2.4.2　适应性结构化理论 ⋯⋯⋯⋯⋯⋯⋯⋯⋯⋯⋯⋯⋯⋯⋯ 31
2.4.3　组织构型理论 ⋯⋯⋯⋯⋯⋯⋯⋯⋯⋯⋯⋯⋯⋯⋯⋯⋯ 34
2.5　文献述评 ⋯⋯⋯⋯⋯⋯⋯⋯⋯⋯⋯⋯⋯⋯⋯⋯⋯⋯⋯⋯⋯⋯ 36

第3章 智能制造企业商业模式分类研究 … 39
3.1 分类的背景与目的 … 39
3.2 智能制造企业商业模式分类的思路和理论基础 … 40
3.2.1 智能制造企业商业模式分类的思路 … 40
3.2.2 智能制造企业商业模式分类的理论基础 … 41
3.3 智能制造企业商业模式的分类维度 … 42
3.3.1 服务化 … 43
3.3.2 数字化 … 44
3.4 智能制造企业商业模式分类体系构建与分析 … 45
3.4.1 智能制造企业商业模式分类体系构建 … 45
3.4.2 智能制造企业商业模式的内涵分析 … 50

第4章 智能制造企业商业模式前因分析与模型构建 … 59
4.1 现有研究概述 … 59
4.2 基于适应性结构化理论视角的前因分析 … 59
4.3 前因分析与模型构建 … 62
4.3.1 数字化基础设施 … 62
4.3.2 数字化导向 … 64
4.3.3 高管团队异质性 … 66
4.3.4 服务化 … 68
4.3.5 政府支持 … 69
4.3.6 顾客需求不确定性 … 71
4.3.7 理论模型构建 … 73

第5章 智能制造企业商业模式前因组态实证分析 … 74
5.1 研究设计与方法 … 74
5.1.1 fsQCA 与 NCA 的混合使用 … 74
5.1.2 样本的选择与数据来源 … 75
5.2 结果与条件的测量和校准 … 78
5.2.1 结果与条件的测量 … 78
5.2.2 结果与条件的校准 … 82

5.3 实证结果与分析 ·· 84
　5.3.1 单个条件的必要性分析 ······························· 84
　5.3.2 条件组态的充分性分析 ······························· 89
5.4 稳健性检验 ··· 105
5.5 案例分析 ·· 107
　5.5.1 增强型商业模式 ··· 107
　5.5.2 适应型商业模式 ··· 111
　5.5.3 延伸型商业模式 ··· 113
　5.5.4 复杂型商业模式 ··· 116

第6章 智能制造企业商业模式与绩效关系研究 ·············· 119
6.1 文献回顾与理论模型 ·· 119
6.2 研究设计 ·· 121
6.3 研究结果 ·· 122
　6.3.1 描述性统计与相关性分析 ···························· 122
　6.3.2 回归分析 ··· 122
　6.3.3 稳健性检验 ·· 127

第7章 结论与展望 ·· 130
7.1 研究的主要结论 ··· 130
7.2 理论贡献与创新之处 ·· 132
7.3 管理启示 ·· 136
7.4 研究局限与未来研究展望 ····································· 141

参考文献 ·· 143

附录1 数字化导向文本分析关键词一览表 ······················ 159

附录2 真值表 ·· 160

第1章 绪论

新兴数字技术的蓬勃发展和广泛应用,不断与先进的制造技术深度融合,使制造企业在产品形态、生产流程、商业模式等方面迎来了全方位变革,推动制造企业向智能化迈进。在此过程中,智能制造企业时常面临商业模式识别、选择、升级及其价值创造等诸多困难和挑战。本书根植中国情境并以智能制造企业为分析对象,对智能制造企业商业模式的相关科学问题进行深入探讨。

1.1 研究背景

1.1.1 现实背景

本书的现实背景包括以下三个方面。

1. 智能制造成为推动制造企业转型升级的主攻方向

智能制造不仅承载着新兴数字技术与实体经济的深度融合,而且也昭示着产业革命和新科技革命的发展趋势与方向(赵剑波,2020)。近年来,欧美发达国家纷纷制定相关政策,充分抓住发展智能制造这一重要契机,并将其作为助推制造业转型升级的主导力量,希冀在高端制造业领域抢占制高点。基于劳动力成本上升和工业转型的迫切性,我国在较早时期便深刻认识到新一轮科技革命和产业革命带来的历史重大机遇,对制造业的未来发展作出了前瞻性全局统筹和部署,将智能制造确定为实现制造业转型升级、"中国制造2025"等国家战略发展目标的重要方向(肖静华等,2021;周济,2015)。

自2015年以来,党中央、国家部委先后颁布了一系列促进智能制造发展的系列政策纲要,如《中国制造2025》《智能制造发展规划(2016—2020年)》《"十四五"智能制造发展规划》等,促进了智能制造项目和新增企业在短期内数量骤增,并逐渐在制造业各个领域扩散。与此同时,我国形成了以长三角、珠三角及京津冀三大地区为主要集聚地的智能制造企业地域分布特征，和以汽车、计算机通信、家电制造业为领跑者的行业发展格局。① 得益于政府支持和技术拉动，中国智能制造迅速成长并步入了快速发展阶段，表现为制造企业数字化能力明显提升，智能制造贡献的利润增长率不断提高，以及涌现一批典型的应用案例。② 截至2021年底，智能制造装备国内市场满足率超过50%，制定和颁布国家标准300多项，培育工业互联网平台近100个，试点示范项目生产效率平均提高45%，充分说明了当前我国智能制造发展中供给能力不断提升、支撑体系日臻完善、推广应用取得积极效果。③ 相关调研显示，2021年的智能制造成熟度持续提高，尤其是在通用设备制造业、电气机械和器材制造业、电子制造业、专用设备制造业等领域，成熟度提升幅度更为明显。④ 但同时也应看到，我国智能制造整体水平依然具有较大提升空间，整体发展层次不均衡。从数字化水平来看，能够在设备与系统之间实现数据连通和数据集成以及跨业务间数据共享的企业依然很少。而能够整合内外部各环节数据，通过数据挖掘提炼并生成模型和知识，驱动探寻新兴商业模式的企业，更是少之又少。⑤ 从行业角度来看，不同制造范式和行业的数字化水平并不均衡。例如，计算机电子设备、汽车、电器等行业的数字化水平显著高于有色金属冶炼、通用设备等行业，离散型制造明显优于流程型制造，等等。③

2. 智能制造深刻冲击了传统制造企业的价值创造逻辑

智能制造集成了先进制造、自动化、人工智能等多项技术，使智能制造系统更趋智能化，如自组织、自学习、自决策和自我优化等，从而有助于激发新的产业模式涌现。新兴数字技术的广泛应用以及其与制造技术的结合，能够推动企业内部的产品、设备、生产线、车间、工厂等实现数字化和网络化互联。传感设备、大数据分析程序等软硬件的部署和使用，可以显著提升制造企业数据采集、搜集、分析的能力，促进实现各生产要素和环节的横向、纵向集成乃至端到端的集成⑥，推动制造企业在生产方式和产业形态等方面发生重要转变。例如，智能制造促进传统大规模生产方式逐渐向大规模个性化

---

①亿欧智库：《2019中国智能制造研究报告》。
②德勤：《中国智能制造报告2018》。
③参见《"十四五"智能制造发展规划》。
④中国电子技术标准化研究院：《智能制造发展指数报告（2021）》。
⑤埃森哲：《2021年中国企业数字转型指数》。
⑥工业和信息化部、国家标准化管理委员会：《国家智能制造标准体系建设指南2018》。

定制模式转变。而这种转变的本质是以传统产品为核心的主导型制造向以服务和客户为核心的服务型制造的转型和升级（周济，2015）。

当前制造企业同时深受数字化和服务化的双重影响（Frank et al.，2019；Münch et al.，2022）。在这个过程中，制造企业的价值创造逻辑也发生了深刻变化。传统上，制造企业的发展大多依赖要素的投入和投资的驱动，而在智能制造情境下，制造企业越发朝数字化、服务化这两大方向发展（Münch et al.，2022）。从价值主张来看，在以产品为核心的制造范式的影响下，传统制造企业的价值主张主要为产品生产和销售，借助大规模生产实现规模经济效益。在智能制造环境下，企业的价值主张发生明显变化，体现为向客户提供解决方案和服务。典型的例子有 IBM 从传统的电脑制造商向服务咨询提供商转变；航空界巨头罗尔斯·罗伊斯公司首创发动机租赁服务模式，成为服务型制造企业的典范；智能制造标杆企业酷特智能（青岛酷特智能股份有限公司）从传统服装制造商向个性化定制和服务解决商转变；陕鼓动力（西安陕鼓动力股份有限公司）从早期的能源设备生产商向服务提供商转变；等等。但现实情况是，当前环境下，智能制造企业依然缺乏系统性的理论框架以清晰勾勒其价值创造的内在逻辑。

3. 商业模式成为智能制造企业正在面临和亟待解决的复杂工程

商业模式是表征价值创造的核心概念，智能制造对制造企业原有的商业模式造成了深刻影响。数字技术使制造企业能够连接更多的交易主体，数字平台、数据共享等新模式不断重塑和创新交易活动的结构和治理机制，涌现出以智能产品、智能服务等为代表的新兴价值载体（Ibarra et al.，2018）。数字化、网络化、智能化技术与制造技术的融合不断催生集成式智能化创新和重组创新（周济，2015），进一步重构商业模式的资源和能力基础（Henfridsson et al.，2018），极大地拓展了商业模式的内涵和外延。如何全面认识和理解这种新模式的内涵及形成机制对智能制造企业来说至关重要。尽管越来越多的智能制造企业着手设计和选择适宜的商业模式，以创造更大的竞争优势，但这是一项极为复杂艰巨的长期工程。对智能制造企业而言，迫切需要解决好商业模式认知升级的问题。

实践调研发现，商业模式设计、选择、转型等是企业数字化转型中广为热议的话题。智能制造的诸多困惑大多能从商业模式的角度获得相应的解释。但事实却是，如何设计和选择合适的商业模式，构成了智能制造企业 CEO 面临的棘手难题。① 相关调研显示，我国制造企业数字化转型正面临战略缺位、能力难建以及价值难现三大挑战。② 原因可以归结为两个方面：一是对新情境下商业模式的形态尚未获得清晰的认识。虽然部分管理者意识到智能制造企业商业模式具有数字化特征并向产品与服务个性化、客户体验智能化、价值链网络化等趋势发展，但现有的这些认识大多是停留在商业模式的价值主张层面，并未从整体视角全面洞悉商业模式的内涵特征。这说明实践界对智能制造企业商业模式类型的认识有待深化，即对新情境下商业模式是什么的问题缺乏洞见。二是从深层次来看，之所以存在上述困惑，很大程度在于对影响商业模式形成的重要因素未获得系统的认识，即商业模式"怎样形成"的问题。由于智能制造成熟度存在差异，制造企业在内部资源、能力基础、环境依赖度等方面都各不相同，这些因素的复杂关系和综合作用构成了智能制造企业商业模式设计、选择的重要前提和依据。

1.1.2 理论背景

本书的理论背景包括以下四个方面。

1. 智能制造对商业模式产生深刻影响并带来了新的理论问题

智能制造正以一种新兴的技术方式支持企业的价值活动开展，导致商业模式在内容、结构、治理等方面形成与以往明显不同的特征（Zott, Amit, 2017; Burström et al., 2021; Haaker et al., 2021）。在智能制造环境下，具有可流动、可重组特点的数字化资源逐渐成为企业的战略资产（Henfridsson et al., 2018）。通过与其他业务活动的相嵌和交互，商业模式的设计元素（如基于数据的产品和服务、众包、数据治理等）发生新的变化，使智能制造企业商业模式呈现明显的"数字技术"烙印（曾锵，2019；李文莲、夏健明，2013），也使商业模式的内涵、形成机制以及价值创造逻辑都发生了相应的变化。

部分研究开始对智能制造企业商业模式的内涵进行讨论，相关研究将其视为数字化或数据驱动的模式（Hartmann et al., 2016; Vendrell Herrero et al., 2018; Weill, Woerner, 2015）。这类模式无论是价值主张还是价值来源，抑或商业模式的形态都与以往存在着明显的不同。尽管现有研究对上述

---

① 北京大学光华管理学院董小英研究团队：《2020中国数字企业白皮书系列》。
② 埃森哲：《2021年中国企业数字转型指数》。

问题进行了相应的理论分析,但没有结合实际案例展开全面而深入的探析。对制造企业而言,能否保持竞争力取决于是否能够对其商业模式进行数字化改造(如提供数字化程度增强的产品和服务)。为实现这一目标,制造企业必须引入数字化理念和行动来帮助现有供应商、合作伙伴以及其他利益相关者有效开展数字化活动(Sjödin et al.,2021)。智能制造具有数字化、网络化、智能化并行发展的特征(Zhou et al.,2018),使得我国智能制造企业的商业模式形态有可能大相径庭,故迫切需要对智能制造企业商业模式的内涵和类型进行全面梳理和总结。虽然有少量研究开展了初步探索,但由于缺乏较为系统性的理论指导,难以对智能制造企业商业模式展开全方位的讨论。

2. 有待在理论层面对智能制造企业商业模式类型进行明晰和划分

越来越多的管理者逐渐意识到智能制造企业商业模式的潜在逻辑与传统模式具有本质上的差异(Remane et al.,2017)。从现有的研究情况来看,但凡对特定行业或细分领域的商业模式科学问题展开研究,大多都是先对商业模式类型进行探讨(Foss,Saebi,2017;李鸿磊,2018;原磊,2008)。较传统制造不同,智能制造本质上是一种极具数字化特征的先进制造范式(安筱鹏,2019)。对于智能制造企业商业模式的分类研究,可以把已有的讨论主要概括为两个方面:一是从数字技术的角度出发分析了由数字技术塑造的新兴商业模式及其分类,如数字化商业模式或数据驱动的商业模式(Guggenberger et al.,2020;Hartmann et al.,2016)。但这类探索大多是缺乏行业情境的广义讨论,分类框架过于聚焦和细化,如单一聚焦于数据层面,从关键数据来源和与数据相关的活动作为分类依据进行细致划分(Hartmann et al.,2016)。二是从物联网、工业4.0等情境切入,讨论制造企业商业模式的类型(Ibarra et al.,2018;Metallo et al.,2018;Weking et al.,2018;Haaker et al.,2021)。这类研究在情境上与智能制造一致,对本书研究具有积极的启发意义,但相关讨论并未考虑到不同企业智能化水平的差异,分类结果难以提供有针对性的指导。智能制造发展阶段的不一致,折射出智能制造企业商业模式在类型、资源、能力、形成机制等方面的差异。此外,现有的分类研究也缺乏相应的理论基础,分类框架缺乏有力的理论依据和理论支撑。

3. 智能制造企业商业模式的影响因素亟待开展深入探索

全面揭示影响商业模式形成的关键因素是智能制造企业商业模式设计、选择、转型的重要理论依据(Foss,Saebi,2017;Vendrell Herrero et al.,

2018）。在探讨智能制造企业商业模式分类的基础上，揭示导致不同类型智能制造企业商业模式形成的影响因素亦是亟待解决的重要理论问题。一方面，有研究强调数字技术对制造企业商业模式的形塑作用（Vendrell Herrero et al.，2018），某种意义上隐含了数字技术对智能制造商业模式的重要影响作用的描述，是对以往研究认为商业模式是新兴技术商业化的重要途径这一论述的印证和深化（Chesbrough，2010；Teece，2010）。然而遗憾的是，现有研究大多从理论层面对数字技术与商业模式关系进行大致的描绘，尚未开展较为深入的实证检验。另一方面，相关研究已经关注到智能制造的推进需要企业在资源基础（孙新波、苏钟海，2018）、战略（肖静华、李文韬，2020）、价值逻辑（Visnjic et al.，2019）、行业情境等方面进行系统性的思考。而已有的讨论更多地关注智能制造本身，少有研究聚焦于商业模式这一核心议题并展开深度讨论。

商业模式的影响因素研究已积累相当丰富的成果。这些研究较多地从设计或创新的角度出发，整合企业内外部因素进行理论归纳或实证分析（Amit，Zott，2015；吴晓波、赵子溢，2017；谢卫红等，2018）。在研究范式上大多基于传统主流做法，重点分析和阐释单个影响因素带来的影响。尽管部分研究尝试采取乘积方式来检验交互效应（Zott，Amit，2008），但本质上依然是为了获得由此带来的净效应值。近年来，越来越多的学者开始呼吁对各影响因素间的联合作用予以更多关注（Ragin，2014；杜运周、贾良定，2017；杜运周等，2021），以期更加细致地展开研究。智能制造本身的特殊性，使商业模式的形成、选择、升级面临更多的复杂性和不确定性。为了更好地剖析智能制造企业商业模式怎样形成的问题，迫切需要以更为整体的视角揭示智能制造企业商业模式的形成机制。

4. 智能制造企业商业模式的价值创造问题依然模糊

得益于量表的开发，商业模式与企业绩效的关系已获得理论界广泛的讨论（Zott，Amit，2008；Zott，Amit，2007）。现有实证类文献较多地采用成熟量表从不同的角度讨论商业模式与绩效的关系（蔡俊亚、党兴华，2015；洪进等，2018），但依然存在有待拓展的研究空间：一是对智能制造情境关注不足，对智能制造企业商业模式及其价值创造缺乏深入的讨论和有效的检验。部分文献已经关注到智能制造能够对企业的价值逻辑（Visnjic et al.，2019）产生深刻影响，或改变企业原有价值创造方式，并在缩短新产品开发周期、提升客户体验等方面带来积极成效（Henfridsson et al., 2018；Weill, Woerner, 2015）。但这些观点较多的是基于理论分析或案例研究获得的，缺乏实证检验。二是现有研究主要分析和讨论效率型、新颖型商业模式与企业绩效的关系。不可否认的是，从价值创造来源的角度来看，这两类商业模式确实能够作为较好的研究对象，但于智能制造企业而言，由于企业的服务化和数字化水平参差不齐，各制造企业处于不同的智能化阶段，倘若不细致考虑智能制造企业间的差异而采取一刀切式的讨论，有可能难以获得能够指导企业实践的理论洞见。

综上，当前的现实环境与理论背景充分说明了深入研究智能制造企业商业模式的必要性和迫切性。在总结现有研究的基础上，本书尝试厘清智能制造企业商业模式的概念内涵，基于相关理论基础，重点对智能制造企业商业模式分类、智能制造企业商业模式的前因组态、智能制造企业商业模式与绩效的关系等问题进行深入的探讨，以期在理论上丰富和拓展现有的商业模式研究讨论。同时，在实践上为智能制造企业在商业模式识别、选择、升级等方面提供理论借鉴，为推进传统制造企业向智能制造领域挺进提供有益的理论参考。

1.2 研究意义

本书的研究意义包括理论意义和实践意义两个方面。

1.2.1 理论意义

本书在厘清智能制造企业商业模式内涵，拓展商业模式研究的范围和领域，促进商业模式与数字化、服务化的融合和讨论等方面具有以下积极的理论意义：

第一，从情境和内涵层面拓展商业模式分类研究。本书以智能制造企业为研究对象，在对智能制造企业的商业模式进行概念界定和内涵明晰的基础上，从服务化程度、数字化水平两个维度对智能制造企业的商业模式进行分类，这是对已有研究讨论的重要拓展。以往关于商业模式的分类研究大多是广义上的讨论，即通过分类提供一种普适性的分析框架，缺乏对智能制造企业的关注。智能制造企业作为制造企业的子集，其价值创造逻辑和模式较传统制造企业有明显差异。本书对智能制造企业的商业模式进行深入理解和清晰界定，并在此基础上对其类型进行划分，在研究情境和内涵方面对已有研究进行拓展。

第二，揭示智能制造企业商业模式前因组态，丰富商业模式影响因素的研究讨论。本书在对智能制造企业商业模式进行分类的基础上，从适应性结构化理论出发，从先进信息技术结构、内部结构源、外部结构源三个方面提炼了影响智能制造企业商业模式的前因并开展了实证分析，不仅是对已有的商业模式影响因素研究的丰富和扩展，而且也为深入理解影响形成不同类型智能制造企业商业模式的因素提供理论洞见。过往的研究大多围绕特定层面且在研究方法层面大多遵从线性回归的做法，组态视角下分析智能制造企业商业模式的影响因素，不仅是对已有研究观点的整合和深化，而且也极大地拓展了适应性结构化理论的应用情境。

第三，从构型视角丰富企业商业模式与绩效的关系。关于商业模式与企业绩效之间的关系，学术界已积累丰富的研究。本书从构型的角度，分析不同类型智能制造企业商业模式与绩效的关系，细致刻画了具有不同服务化程度和数字化水平的智能制造企业的商业模式及其价值创造的差异化结果，为解释现有的商业模式与绩效关系研究结论不一的现象提供了新的视角。同时，本书从研究范式层面拓展了对商业模式与绩效关系的讨论。正如有的研究指出，单一类型的商业无法给企业带来高绩效增长，需要从新的视角开展整合研究（Leppänen et al.，2021）。本书的结论回应了这一研究观点，同时也是对构型理论应用的丰富和拓展。

第四，推动制造企业服务化与数字化融合和讨论。随着实践的发展，服务化与数字化这两股研究流派正不断交汇和融合，进一步给制造企业带来新的创新模式。而近年来学术界不断提出数字服务化的概念，并尝试对服务化与数字化的内在关系进行分析。本书研究结果显示，服务化与数字化的结合能够改变企业价值创造的逻辑，对商业模式的类型和内涵都产生了深刻影响，这种影响归根于企业应用数字技术实现产品生命周期各阶段数据的整合和流通，通过数据驱动创造新的价值。本书以商业模式为重要研究内容，为有力促进服务化与数字化的融合和讨论提供了积极的理论洞见。

1.2.2 实践意义

本书对智能制造企业商业模式实践和传统制造企业数字化转型等具有重要的理论借鉴意义和参考价值，具体包括以下四个方面：

第一，有助于为智能制造企业识别、理解商业模式的类型提供重要的理论框架，更好地指导企业的价值创造活动。本书在清晰定义智能制造企业商业模式的基础上，从服务化和数字化两个维度对智能制造企业商业模式类型进行了探索，所构建的分类框架能够反映和指导当前企业的商业模式发展实践。本书的分类结果表明，智能制造企业不仅要关注制造业发展服务化的大趋势，而且应该重视现有服务化程度与数字化水平的匹配度及其对商业模式的影响。

第二，有利于为智能制造企业商业模式的选择、设计、调整或转型提供系统性的理论参考，为指导企业商业模式调整和升级提供积极的思考。本书从服务化和数字化两个维度对智能制造企业商业模式进行了细分，研究结果表明，形成不同类型智能制造企业商业模式的前因组态存在着差异性。相关研究结论能够为具有不同智能制造成熟度的制造企业在商业模式演化、升级等方面提供理论参考框架。

第三，为智能制造企业商业模式的实践及其价值创造提供积极的理论启发。根据实证分析结果可知，相对而言，服务化程度不高的增强型和适应型商业模式更有可能为企业赢得绩效回报。尽管服务化转型或服务型制造是制造企业发展的主要趋势，有利于制造企业开拓新的竞争蓝海和获取竞争优势，但制造企业也需注意的是，当服务化与数字化水平都很高时，商业模式可能会迎来重大调整和变革，短期内无法给企业带来绩效回报。此时，秉持长期主义发展理念，有助于制造企业更加坚定地拥抱服务化和数字化并实现蜕变和跨越式发展。

第四，有益于为传统制造企业实施服务化转型和数字化转型提供积极的理论借鉴。当前，传统制造企业如何转型升级并向智能制造迈进是亟待解决的重大课题。本书对智能制造企业商业模式的系列问题进行全方位梳理并提出相关研究结论，能够为解决这一课题提供积极的理论借鉴。本书研究结论在转型视角、服务化与数字化两手抓以及从企业高层开展顶层设计等方面，能为传统制造企业实施数字化转型和智能制造企业开展价值创造活动提供全面的理论指导。

1.3 研究目的与研究内容

1.3.1 概念界定

本书涉及的核心概念包括智能制造、智能制造企业、智能制造企业商业模式。下文对这三个概念进行阐述和界定。

1. 智能制造

智能制造指的是以数字技术与先进制造技术深度融合为基础的新型生产模式。学术界对智能制造的研究最早可追溯到20世纪80年代，其概念提出的背景是自动化技术、物联网、人工智能等数字技术的迅速发展和广泛普及。通过融合先进制造技术从而引发传统制造模式的大变革，信息技术集成产品如智能设备和智能机器人逐渐参与到产品生命周期环节中并发挥重要作用。信息技术与制造技术进一步集成和创新应用范围，推动了智能制造的内涵不断丰富和延伸，范围从早期的产品设计领域逐渐扩展到生产、制造、管理、服务等全流程，或从单一产品、设备不断向车间、工厂的智能化乃至跨企业集成与协同的方向扩展（周济，2015）。数字技术与制造技术相互集成和相互融合推动制造企业进入数字化、网络化和智能化的崭新发展阶段，在这个过程中，数据发挥了极其关键的作用（安筱鹏，2019）。

本书综合现有研究观点，将智能制造定义为一种以数字化为基础，由数字技术与先进制造技术深度融合而形成的新兴生产模式，它依托数字化基础设施，通过数据的自动流动来消除制造企业存在的诸多不确定性，提升制造资源的分配和使用效率，进而增强主体（产品、设备或企业）对环境的适应、变革甚至选择的能力。学术界普遍的观点是，智能制造包括智能产品、智能生产以及智能服务这三个重点内容。值得注意的是，智能制造与一些相近的概念容易被混淆，例如工业4.0、先进制造、数字化制造、虚拟制造、工业物联网等。尽管这些概念与智能制造存在着较为紧密的关系，但也存在着明确的边界。有些概念只是体现了智能制造的局部概貌或特定阶段。例如，智能制造以工业互联网为技术基础，在工业4.0中发挥主导作用，而工业4.0则是一种产业范式技术转型，被视为第四次工业革命（Zhou et al.，2019）。

2. 智能制造企业

与传统制造企业相比，智能制造企业的技术特征更加突出。智能制造最重要的核心特征是数字化、网络化和智能化，它决定了智能制造企业在制造范式上体现为数字化制造、数字化网络化制造以及数字化网络化智能化制造（周济，2015）。这三类智能制造范式在发展过程中不断迭代升级。更具体地来说，数字化制造指的是企业通过数字技术将生产、制造过程中的信息资源进行数字化建模和标准化处理以实现数字化。网络化制造，指的是通过网络将数字化后的信息和业务状态进行有效连接，实现数字资源和信息的集成与共享，同时依托大数据等数字技术创造大规模定制、服务型制造等新型制造模式。智能化制造属于更高阶的制造模式，智能化的生产系统能够自我学习、调整、决策、适应和优化，极大地提高制造企业的生产效率和创新能力。

结合智能制造的特征，本书将智能制造企业定义为使用数字技术对生产、制造、销售、管理、服务等环节进行全面改造或重塑，实现流程优化、生产效率提高、快速响应顾客需求，继而为顾客提供高质量产品和个性化服务的制造企业。本书关注的智能制造企业，其主业为制造业，而那些纯粹提供智能制造解决方案的服务商等服务型企业不作为本书关注的对象。同时，数字技术具体指以大数据、知识自动化、区块链、移动互联网、云计算等新一代信息技术为代表的技术组合（Bharadwaj et al., 2013；Vial, 2019），具有可重编程性（reprogrammable functionality）、数据同质化（data homogenization），以及自我参照性（self-referential）的特征（Ciriello et al., 2018；Yoo et al., 2010）。可重编程性是指数字技术以模块形式将产品形式和功能进行分离，使物理设备基于数据能够执行无限多的算法，从而衍生新颖的数字化服务，而功能上的解耦使产品具备动态可扩展性（Huang et al., 2017；Yoo et al., 2010）。数据同质化指的是数据从根本上被数字化存储，这意味着数据可以独立于特定设备（如 PC 或移动终端设备）使用和处理（Yoo et al., 2010）。自我参照性在本质上描述了数字技术的生成扩散过程和动态性，使数字产品能够根据顾客需求的变化而不断更新迭代。因此，数字技术与传统技术存在着明显差异（Guggenberger et al., 2020）。

需要注意的是，上述智能制造的特征反映了智能制造企业处于不同的智能化阶段，例如，人们将数字化制造视为第一代智能制造，将数字化网络化制造视为第二代智能制造，而将数字化网络化智能化制造看作新一代智能制造（赵剑波，2020）；从根本上说，数字化构成了智能制造企业的重要基础（Frank et al., 2019）。智能制造的关键特征一方面反映了我国智能制造企业发展水平不平衡这一客观事实，另一方面也大致勾勒出了智能制造企业的发展路径。也有研究认为，我国智能制造企业在制造范式上并未严格遵循从数字化制造到智能化制造这一固定发展逻辑，而是根据其资源和行业特征沿着多样化的升级路径向智能制造迈进（Zhou et al., 2019）。

3. 智能制造企业商业模式

现有研究对商业模式进行了极为深刻的探讨，可以说视角多样、内涵丰富、应用广泛。尽管如此，现有研究对商业模式的界定依然缺乏统一的认识。在众多视角的研究中，活动系统（activity system）无疑是最具影响力的。该视角下的商业模式由 Raphael Amit 和 Christoph Zott 两位学者提出，他们的研究已发展成为具有广泛影响力的学派之一。两位学者（2001；2008）将商业模式定义为跨越企业边界且相互独立的活动系统，在本质上体现为企业跨界交易的一种组织结构。

智能制造是数字技术与先进制造技术相结合的产物，数字技术的快速发展和创新应用，改变了原有的企业与合作伙伴、用户等利益相关者的互动方式，重塑或创造新的价值链，以颠覆式的姿态席卷各个行业，日益成为变革制造企业商业模式的主要驱动因素（Abrell et al., 2016；Zott, Amit, 2017；Nambisan et al., 2017；Fichman et al., 2014）。数字技术已经深刻冲击和改变制造企业的价值主张（Porter, Heppelmann, 2014）、价值创造和价值获取方式（Yoo et al., 2010；Yoo et al., 2012）。数字技术与制造企业各项业务性活动或服务性业务的交互融合，不断推动制造企业智能化，催生出以数字化商业模式为主要代表的新兴商业模式形态（Guggenberger et al., 2020）。

综上，本书将智能制造企业商业模式定义为制造企业充分利用新兴数字技术不断积累和应用工业大数据，向客户提供数字化产品或服务从而获取绩效回报的价值逻辑。具体而言，这一模式通过数字技术的嵌入给商业模式的内容、结构、治理带来局部渐入式变革或整体上根本性的重塑，继而对企业的价值主张和价值创造来源等产生重要影响的价值逻辑，本质上体现为典型的数字化商业模式（Guggenberger et al., 2020）。它依托新兴数字技术和对数据资源的价值开发，延伸和设计新的价值创造方式（如向顾客提供数字化产品或数字化服务）（Sjödin et al., 2021）。为更好地刻画智能制造企业商业模式的特征，本书借鉴 Zott 和 Amit（2010）的研究，从内容、结构及治理三个方面进行阐述。具体而言，内容是指交易中的商品、信息以及支撑交易的资源和能力；结构指的是参与交易的各个主体以及连接这些主体的方式，也包括交易活动的顺序、促进交易的机制；治理指的是交易过程中的信息流、资源和商品被参与主体支配或管理的方式，也指组织的合法形式和对各交易主体的激励措施。

1.3.2 研究目的

本书针对"智能制造企业商业模式是什么？""智能制造企业商业模式有

哪几种类型?""不同类型的智能制造企业商业模式在组态构型上有何不同?""不同类型的智能制造企业商业模式与绩效的关系是怎样的?"等研究问题展开分析。解决这些问题也是本书的研究目的。换言之,本书的研究目的是明确智能制造企业商业模式的内涵,厘清智能制造企业商业模式的类型,揭示智能制造企业商业模式的前因组态,分析不同类型智能制造企业商业模式与绩效的关系。

1.3.3 研究内容

本书的研究内容围绕以下三个方面展开。

研究一:智能制造企业商业模式分类研究

商业模式分类的意义在于,基于现有商业模式模块的重新组合,用一种通用语言清晰表达和刻画企业价值创造的逻辑或行业主导逻辑(Amshoff et al.,2015),为企业商业模式的识别、设计、选择、创新等提供理论指导。现有商业模式分类讨论大多旨在提出具有普适性的分类体系以期对实践加以指导。部分学者聚焦于单一领域或行业的商业模式分类,但这些研究也仅限于为特定行业企业提供有限的指导。本书整合现有文献,全面考虑制造企业的总体发展趋势和智能制造的本质特征,基于服务主导逻辑,结合智能制造企业的发展实际,从服务化程度(无、有)、数字化水平(低、高)两个维度将智能制造企业商业模式分成四类(增强型、适应型、延伸型、复杂型)。在此基础上,借鉴成熟的商业模式分析架构(Zott,Amit,2007;Zott,Amit,2010),充分讨论上述四类智能制造企业商业模式在其设计元素(内容、结构、治理)方面的特点,并通过阐述其自身所构建的分类体系与以往对其的研究,尤其是与传统制造企业商业模式之间存在的差异,为后续前因组态和实证分析提供理论基础。

研究二:智能制造企业商业模式前因组态实证分析

现有研究从各个角度对商业模式的影响因素进行了分析和检验,认为这些因素大致来自企业内外部两个方面(Foss,Saebi,2017)。然而,这些研究主要探讨单个影响因素所带来的"净效应",且研究观点各抒己见,甚至相互对立。本书综合已有的研究讨论,基于适应性结构化理论(Schwieger et al.,2004),尝试识别和提炼影响智能制造企业商业模式的六个因素,即数字化基础设施、数字化导向、高管团队异质性、服务化、政府支持、顾客需求不确定性,重点剖析和揭示这六个影响因素在智能制造企业商业模式形成过程中发挥的联合作用，即前因组态。鉴于组态分析具有经验分类的优势，笔者将各组态形成的商业模式类型与本书的智能制造企业商业模式理论分类结合起来进行讨论，从实践案例层面对不同类型的商业模式内涵及潜在逻辑进行阐释，为智能制造企业商业模式实践提供理论指导。

研究三：智能制造企业商业模式与绩效关系研究

本书在完成智能制造企业商业模式前因组态分析的基础上，根据各组态的构型特征将各组态逐一与第三章中的智能制造企业商业模式理论分类框架进行对应，实现理论分类与经验分类的结合。按照组织构型理论（Meyer et al.，1993）的观点，将各组态视为不同类型的智能制造企业商业模式，在控制潜在的干扰因素的基础上，进一步讨论企业商业模式与绩效（市场绩效、财务绩效）的关系，从而对智能制造企业商业模式是否都能为企业创造积极的绩效回报这一问题开展更为细致的分析。为此，笔者将从情境和范式层面丰富和拓展现有商业模式与绩效关系的讨论。

根据本书的研究内容，笔者绘制了总体理论模型框架图，见图1-1。

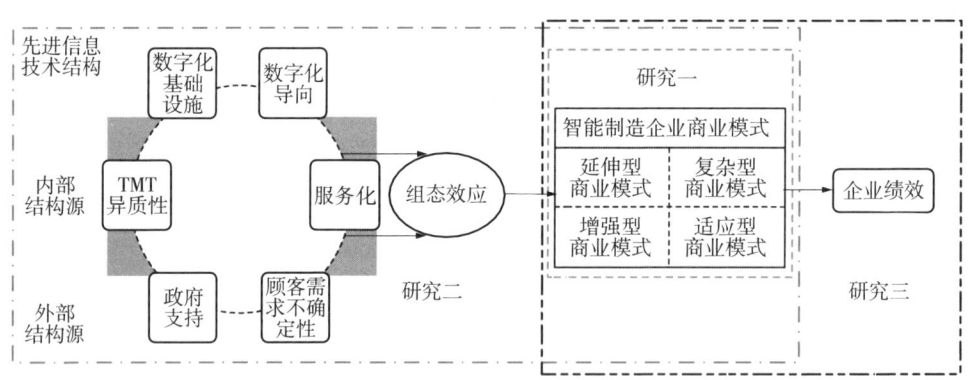

图1-1　总体理论模型框架

1.4　研究方法和技术路线

1.4.1　研究方法

在研究方法的应用方面，本书主要涉及文献研究、定性比较分析（QCA）与必要条件分析（NCA）相结合、文本分析、最小二乘法（OLS）共四种研究方法。

1. 文献研究

本书根据研究问题在前期开展了大量的文献研究工作，包括对与论文中涉及的主要概念（商业模式、商业模式分类、数字化商业模式、智能制造、服务型制造等）的相关文献进行全面搜集和整理。在文献遴选方面，本书瞄准国内外管理学领域的高质量期刊并以此作为文献搜集的主要来源。国内文献方面主要以国家自然科学基金委员会管理科学部公布的管理学重要期刊为参考标准，而国外文献方面主要以《金融时报》发布的商学院顶级期刊目录（FT-50）为参考依据。本书涉及的相关概念或科学问题较为新颖，例如智能制造企业商业模式、数字化商业模式、数字化服务商业模式等，这些新概念及其相关的管理学问题，近年来获广泛关注。因此，在文献搜集方面也会关注与之相关的新近发表的国际会议论文，这些论文所提出的一些研究观点和见解，为本书研究的开展提供了很好的文献基础和理论启发。通过对所搜集的文献进行梳理，总结和评述现有研究现状、进展，为本书研究的开展提供坚实的理论基础。

2. 定性比较分析（QCA）与必要条件分析（NCA）相结合

定性比较分析（qualitative comparative analysis, QCA）是有别于传统线性回归研究范式的新兴研究方法。这种方法在较早时期是由社会学家开发并逐渐引入管理学研究领域的，近年来，已获得广泛的关注和积极的推广应用（Fiss, 2007；杜运周、贾良定，2017）。按照变量类型的不同，可以将QCA划分为csQCA（清晰集定性比较分析）、mvQCA（多值定性比较分析）以及fsQCA（模糊集定性比较分析）三种。本书使用fsQCA进行分析，能够处理的问题范围包括类别问题、程度化问题，以及部分隶属的问题（杜运周、贾良定，2017）。同时，fsQCA兼具质性分析和定量分析的双重属性（Ragin, 2014）。相对于其他两种分析，fsQCA优势更为明显，尤其是对定距或定比变量的校准，应该采用此方法进行处理（杜运周、贾良定，2017）。鉴于案例的数据类型，本书拟采用fsQCA方法揭示智能制造企业商业模式的前因组态。此外，QCA在分析样本方面具有很强的灵活性，它适合于小样本（样本案例数小于或等于10或15）、中等规模样本（样本案例数大于10或15且小于或等于50）、大样本（样本案例数大于100）（Ragin, 2014），以及更大规模样本案例的相关研究（Fiss, 2011；Misangyi, Acharya, 2014）。需要说明的是，在采用QCA方法过程中，由于探讨的是前因条件对结果的联合作用，所以一般只分析单个条件对结果的影响而不会提出具体的研究假设,这常见于QCA领域的主流文献(Ragin,2014;杜运周、贾良定,2017;张明、杜运周,2019;杜运周等,2021;杜运周等,2020)。

NCA(necessary condition analysis,必要条件分析)作为近几年来兴起的一种用于识别必要条件的研究方法,被认为与现有的QCA方法形成重要互补。要理解复杂的因果关系,必要与充分因果关系是其中两种重要的解释。必要条件因果是指当特定前因不存在时则结果不会发生,而充分条件因果指的是前因能够充分导致结果。现有QCA方法只能从定性的视角识别导致结果的必要条件,无法从定量的视角给出具体的描述。为弥补这一方法的局限,NCA被提出用以更加全面地识别必要条件,同时能够细致描绘条件在多大程度或多高水平内才能成为某一结果的必要条件。对此,学术界认为QCA与NCA的结合能够带来更大的学术价值(Dul et al.,2020;杜运周、贾良定,2017)。

3. 文本分析

文本分析是指通过技术手段对文本进行分析,能够帮助研究者从文本的浅层逐渐深入理解文本的深层意义。这一方法较多地被用于研究新现象或新概念,尤其是对某些尚无成熟量表的新概念而言,文本分析不失为一种有效刻画概念的研究方法。本书在提炼影响智能制造企业商业模式的因素时,个别因素(如数字化导向)较为新颖且尚未有可参考的测量指标。因此,在借鉴已有研究的基础上(Kindermann et al.,2020),笔者采用文本分析方法展开分析,结合智能制造企业的现实情境,构建了本书的数字化导向词库。笔者利用软件平台Wingo对样本企业年报里的管理者经营与讨论章节(MD&A)进行关键词词频统计和分析,构建数字化导向的测量体系。需要说明的是,MD&A是上市公司年度报告中最重要的内容之一,在结构上一般包括回顾与展望两个部分,也即对公司过往经营情况的说明及对其未来发展的讨论。学术界认为,MD&A中文本信息显示的词汇和语句以及信息披露的详尽程度能够映射管理层的主观性和倾向性(Tan et al.,2014)。因此,文本分析能够为数字化导向的测量提供有效的途径。

4. 最小二乘法

最小二乘法(ordinary least squares,OLS),是社会学研究和计量经济学领域常见的回归分析方法。本书采用OLS回归分析方法分析不同类型智能制造企业商业模式与绩效的关系。在回归分析过程中，如何避免异方差现象是必须应对的问题。本书在数据处理方面对数值较大的变量（如企业规模、年龄等）进行常规的取对数处理，以减少异方差现象的出现。同时，本书使用Robust稳健标准误回归法展开分析，目前对于处理异方差现象，这种研究方法应用广泛且较为有效。最后，关于回归结果是否稳健的问题，本书针对所研究的问题采取了相应的措施进行稳健性检验。

1.4.2 技术路线

本书的技术路线（见图1-2）遵循以下逻辑：通过对国内外智能制造、商业模式及其分类等相关文献的梳理和研究，总结现有研究进展，结合智能制造企业现实情境提炼科学研究问题，围绕智能制造企业商业模式的内涵、类型、前因以及其与绩效的关系等展开研究。本书的研究内容细分为三个方面，即智能制造企业商业模式分类研究、智能制造企业商业模式前因组态实证分析，以及智能制造企业商业模式与绩效关系研究。

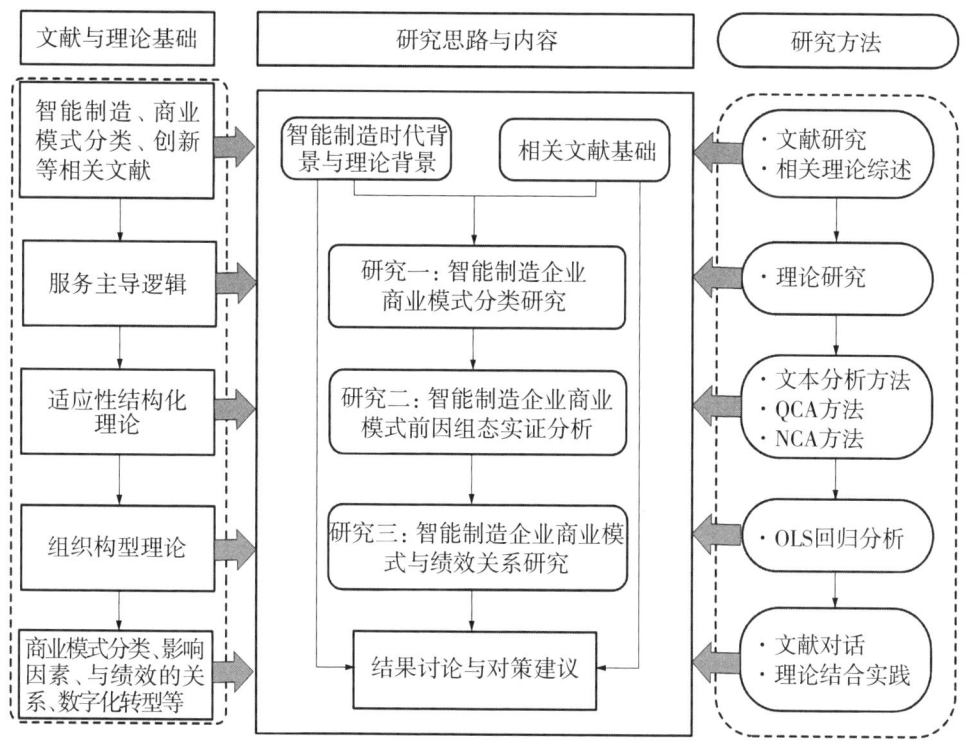

图1-2 技术路线

对于研究一，在梳理相关文献的基础上，本书首先厘清和界定智能制造企业商业模式的概念内涵，接着从服务主导逻辑的角度，采用理论分类的方式，按照企业服务化程度和数字化水平，对智能制造企业商业模式类型进行划分，并阐述每种模式的内涵。

对于研究二，重点探讨智能制造企业商业模式形成的前因组态。基于适应性结构化理论，结合智能制造企业商业模式的理论与实践，从先进信息技术结构、内部结构源、外部结构源三个方面提炼了六个影响因素，使用QCA与NCA结合的方法，全面解构智能制造企业商业模式的前因组态。最后，结合智能制造企业实践资料对研究结果进行充分讨论。

对于研究三，在研究二的基础上，按照组织构型理论的思想进一步探讨不同类型智能制造企业商业模式对绩效的影响。本书采用OLS回归分析方法展开分析，全面细致地分析智能制造企业商业模式与绩效的内在关系，同时，通过稳健性检验分析结论的稳健性。

第 2 章 文献综述

近年来,全球掀起了智能制造实践探索和理论研究的热潮。智能制造不仅是构建工业互联网产业生态的核心,也是推动中国先进制造业发展的重心,是中国制造业转型升级和高质量发展的主要路径。与此同时,学术界对智能制造的研究兴趣和热情不断跃升,基于多个研究视角对智能制造的定义、应用范围、研究趋势及管理问题展开了广泛讨论。本书按照智能制造企业商业模式的分类—影响因素—与绩效的关系的理论逻辑进行文献回顾,同时对本书采用的相关理论进行阐述。

2.1 智能制造企业商业模式分类相关研究

分类是商业模式研究领域无法回避且极富挑战性的环节。商业模式分类研究可以有效甄别不同商业模式的特征,是科学设计商业模式的前提基础(李鸿磊,2018),有助于清晰揭示商业模式要素间的内在逻辑关系,并从内核层面推进商业模式研究。分类能够在创新商业模式过程中提供系统性分析工具(Amshoff et al.,2015),为未来商业模式概念的深化和商业生态系统的创建提供广阔空间(Zott,Amit,2010)。就目前而言,商业模式内涵丰富的同时也存在概念宽泛和尚未形成统一界定的问题,继而使对商业模式的分类难以达成一致(李鸿磊,2018)。现有文献主要从创新来源和程度(Amit,Zott,2001)、价值链环节(Vendrell Herrero et al.,2018)、价值逻辑(李鸿磊,2018)等多个方面对不同行业企业的商业模式进行了分类讨论,为本书的探讨积累了一定的研究基础。然而,本书旨在对智能制造企业商业模式的类型进行剖析,虽然目前尚未有研究对这一问题展开分析,但智能制造企业在本质上属于制造企业的子集。由前文的梳理可知,服务化深刻影响了智能制造企业的价值逻辑,如何由提供纯产品向提供智能产品服务系统转变,被视为当前智能制造企业面临的主要挑战(Münch et al.,2022)。与此同时,智能制造企业商业模式更多地呈现为数字化商业模式的形态。综上,现有的相关分类研究可以归纳为以下两种。

1. 服务化视角

自从服务主导逻辑观点被提出，学术界普遍认为服务化是制造企业发展的主流趋势（Raja et al.，2013；Vargo，Lusch，2004；许晖、张海军，2016）。从现有文献不难看出，服务化与商业模式关系紧密，业界对此大致存在两种观点：一种观点认为，服务化是表征企业价值逻辑的特定形式（Cortimiglia et al.，2016），本质上与商业模式是同一概念，即服务化本身就是企业商业模式的具体表现（Ayala et al.，2017；Kastalli et al.，2013；Martinez et al.，2017）；另一种观点则认为，服务化更多地体现为商业模式的价值主张，是商业模式设计过程中应考虑的重要内容（Falkenreck，Wagner，2017；Laudien，Daxböck，2016；Paiola，Gebauer，2020），二者的交互融合不断衍生服务导向型商业模式等形态。也就是说，服务化在某种程度上能够成为商业模式分类的维度（Visnjic et al.，2016；肖挺，2019）。现有文献从服务化视角对制造企业商业模式类型展开了相应的讨论，具有代表性的文献将商业模式分为产品导向型、客户导向型两种商业模式（肖挺，2019；Visnjic et al.，2016；张睿君等，2020）。

具体来说，产品导向型商业模式是制造企业开发和提供与产品相关的服务内容的模式，这些服务更多的是对产品使用、功能上的完善或延续。例如，对产品、设备的故障检测、维护维修等系列售后服务，在这个过程中涌现出产品服务系统等概念（戴亦舒等，2018）。对于制造企业来说，产品与服务的融合所形成的产品服务系统被视为极具价值的战略，给商业模式的价值主张、价值链结构以及收入流带来深刻的影响（Velamuri et al.，2013），并从根本上形成产品聚焦型商业模式（Ibarra et al.，2018）。实施产品导向型商业模式能够帮助制造企业提升竞争力，包括拉近与顾客的距离，凭借无形的服务元素使竞争对手难以模仿，推动企业在特定的商业环境下创造竞争优势，甚至在经济形势不好的环境下依然能够为企业创造收益（Visnjic et al.，2016）。相对应的是，客户导向型商业模式是制造企业提供与客户体验相关的服务的模式。例如，向客户提供整体解决方案、技术服务、培训、咨询、金融服务等。客户导向型商业模式通过直面客户需求和痛点提供相应的服务或解决方案，从而更有可能为企业获得产品之外的额外利润（Gebauer et al.，2012）。需要说明的是，客户导向型商业模式的实施并不意味着制造企业不需要产品，产品依然是企业提供服务的重要基础,只是所提供的服务的焦点由产品本身逐渐转移到客户身上(Visnjic et al.,2016)。随着数字时代的到来,数字技术的广泛应用使这种服务转变显得更加数字化且更易触及客户(Tian et al.,2021)。

现有文献对上述两种类型商业模式的关系进行了讨论。部分研究认为这两类商业模式实际上描绘了制造企业服务化演进的路径,认为制造企业的服务化过程首先经历产品导向型模式,提供与产品相关的服务内容,随后逐渐发展到客户导向型模式。也就是说,客户导向型商业模式更多的是产品导向型商业模式的高级形态(Eggert et al.,2014;Raddats et al.,2019;张睿君等,2020)。尤其是在当前的环境下,顾客主义无疑是时代发展的必然趋势,企业的战略和价值主张都在逐渐转向以客户为中心(陈春花等,2019)。不过也有研究认为,由于某些制造企业在发展之初就具备了丰富的客户资源和良好的客户经营能力,因此在商业模式类型的选择上有可能跳过产品导向型商业模式,直接实施直面客户需求的客户导向型商业模式(Visnjic et al.,2016;肖挺,2019)。事实上,关于产品导向型、客户导向型商业模式的关系,学术界至今尚无定论。从随后的研究可以看到,企业选择何种类型的商业模式受到企业资源、行业情境等多个因素的影响(Visnjic et al.,2019;Cusumano et al.,2015)。遗憾的是,上述分类方法尽管在理论上能够提供有价值的分析框架,但在实际的操作过程中却面临极大的挑战。这是因为,许多制造企业并未专门披露与服务相关的数据。以制造业上市公司为例,许多企业依然遵循传统范式编制年报报表,很少单独编制并披露服务化业务收入数据,更不用说专门分门别类地呈现产品导向、客户导向的服务,这给学术界开展研究带来了相当大的困难。

2. 数字化视角

数字化指的是使用数字技术创造新流程或转变现有流程以满足不断变化的市场需求的技术过程(Sklyar et al.,2019;Vial,2019)。数字化正驱动包括商业模式在内的组织全方位变革(黄丽华等,2021)。纵观现有文献,数字化视角下的商业模式分类大致有三种情况:一是根据数字技术与商业模式的嵌入程度对商业模式进行分类。例如,将商业模式分为存量型、增量型和全新型,或传统改造型、融合型、全面型(朱秀梅等,2020)。传统改造型模式是用数字技术将已有的商业模式进行局部改造和优化,而全面型模式是将数字技术与商业模式各个要素紧密融合，数字技术甚至会改变原有商业模式的内容、结构、治理机制（Zott，Amit，2017），使商业模式的整体架构和内涵都发生显著变化。二是从数据资源的角度对商业模式进行分类。在数字化时代，数据越来越成为企业的战略资源，尤其是工业大数据，业已构成制造企业商业模式设计的重要基础（Kusiak，2017）。制造企业积累、使用数据资源的方式不同，也会使得企业形成不同类型的商业模式。现有文献从数据资源的来源、角色、应用情况这三个角度对制造企业商业模式的类型进行了探讨分析。例如，从数据的生命周期来看，数据的产生、获取、聚集、处理、分析及可视化贯穿企业的整个业务流程。根据这些数据资源的使用情况可以将商业模式作进一步细分——免费数据收集和聚集模式、分析及服务模式、数据产生和分析模式、免费数据知识挖掘模式、数据聚集及服务模式以及多源数据混聚合分析模式（Hartmann et al.，2016）。类似的研究从整个产业链的角度展开了分析，根据企业所处的大数据产业链位置将商业模式分为数据租售模式、信息租售模式以及知识租售模式，在服务角色方面又可以分为硬件租售模式、软件租售模式和服务模式（李文莲、夏健明，2013）。此外，也有文献关注数据资源的角色，Guggenberger等人（2020）根据是否把制造企业数据资源作为关键资源将商业模式分成数据驱动的商业模式、数字平台商业模式以及数据-平台商业模式。这类分类研究较多地关注数据的来源（Hartmann et al.，2016），或强调数据资源的角色（Chen et al.，2012；Hartmann et al.，2016），或聚焦于数据的生命周期（Hartmann et al.，2016）。三是从数字化水平的角度对商业模式进行划分。例如，Frank等人（2019）从数字化水平的情况讨论了工业4.0背景下制造企业商业模式的类型问题，将企业数字化水平划分为低级、中级和高级三个阶段。所谓低级阶段就是纯手工阶段，制造企业内部的生产、管理、业务流程等很少采用数字技术。而高级阶段就是制造企业广泛采用大数据、云计算、人工智能技术，并与企业的业务流程紧密结合，实现业务流程的数字化和自动化，在这个过程中涌现出新的价值创造模式。某种程度上，数字化水平视角与前文谈到的数字技术与商业模式的嵌入程度和数据资源视角存在共性。例如，数字技术与商业模式高度嵌入和融合，会推动企业实施全面型商业模式，反映出企业的数字化水平较高。

综上，上述不同视角下的观点不仅推动了商业模式分类研究讨论，也为理解数字化时代制造企业商业模式类型提供了积极的理论基础。不足的是，上述研究部分是以案例归纳作为分类形式（Hartmann et al.，2016），这类分类研究往往缺乏普适性，难以对研究成果进行复制和推广。也有研究通过理论构建的方式展开分类（Frank et al.，2019），虽具有积极的理论参考价值，但所构建的分类框架缺乏相应的理论基础，且随着分类维度的细化（如将数字化水平划分了三个不同等级）和分类框架的复杂化，给后续的实证检验带来挑战。

近年来，随着数字技术的应用逐渐渗透企业各项业务流程，数字化与服务化不断交互、融合，也使传统意义上的服务在内容、提供方式等方面发生了重要变化。例如，传统的上门维修可以通过线上远程进行，故障的设备可以通过智能算法进行实时监控、检测及维护，等等。数字化与服务化的融合也引发了学术界的极大关注，尤其是由二者交融形成的数字化服务以及由此涌现的数字服务化商业模式（Paschou et al.，2020），众多学者为之进行的研究为本书的智能制造企业商业模式分类探讨带来很好的文献基础。

2.2 智能制造企业商业模式影响因素相关研究

学术界围绕商业模式的前置因素展开了广泛的探索并积累了相当丰富的成果（Foss，Saebi，2017）。现有文献从各个层面尝试揭示并探讨影响商业模式设计、转型及创新的重要因素，而探讨商业模式创新、商业模式设计影响因素的文献相对更为丰富。本书的研究对象为智能制造企业商业模式，目前学术界在这方面的讨论并不多，且大多处于探索阶段，而实践界对智能制造企业商业模式也需要更为深入的认识。因此，本书综合参考商业模式设计、商业模式创新影响因素的相关研究，在对这些研究进行梳理的基础上，结合智能制造企业的现实情境，分析提炼导致智能制造企业商业模式形成的重要因素。

有研究认为商业模式同时受组织情境因素和外部环境的双重影响，商业模式是企业内外兼修的过程（吴晓波、赵子溢，2017）。然而，现有研究往往从单一视角而非整合视角展开分析。例如，部分研究重点讨论了企业高管团队、资源和能力、战略等组织情境因素的影响，部分研究则主要讨论政府、行业情境等外部环境因素（Foss，Saebi，2017；谢卫红等，2018；曾萍等，2016；Visnjic et al.，2019）。

1. 组织情境因素

组织情境因素体现在三个方面：

（1）企业高管团队，主要指高管的认知和行为。Zott 和 Amit（2010）指出，企业家或企业高层管理人员肩负商业模式设计的重要任务，其设计的质量会直接影响后续企业资源的配置好坏和竞争优劣。因此，企业高管对商业模式的认知和所采取的系列行为都将对商业模式设计产生重要影响。例如，以创业者为代表的企业高层的思维方式和行为所表现的跨行业搜索、复杂系统思维模式以及强大的集中化决策，会深刻影响和塑造企业的商业模式设计和创新（Snihur，Zott，2020）。此外，高管团队的注意力模式的变化也会影响企业的商业模式设计（Frankenberger，Sauer，2019）。部分研究从高管人格、高管支持、高管团队人口统计特征等角度对这方面的讨论予以了实证检验（谢卫红等，2018；胡保亮等，2020）。

（2）资源和能力，是支撑商业模式实施的重要因素（Demil，Lecocq，2010）。从商业模式设计元素来看，交易中的商品、信息以及支撑交易的资源和能力是其重要交易内容，同时资源和能力之间的互补性也是商业模式价值创造的重要来源（Amit，Zott，2001）。商业模式设计过程中必须审视企业现有的资源基础情况。特别是对新创企业来说，资源是企业经营发展的关键，但与生俱来的脆弱性特征会导致其受到广泛的资源约束（Zott，Amit，2007），商业模式活动的开展更多地依赖外部资源或对内外部资源的编排。同样地，商业模式的设计和实施依赖企业的能力，商业模式的构思、精炼、实施和转型都是高阶能力的产出（Teece，2018）。现有文献围绕资源和能力从知识（周飞、孙锐，2016；吴增源等，2018）、组织资产（吴东等，2019）、组织学习（Sosna et al.，2010；魏泽龙等，2017）、组织网络（云乐鑫等，2017）、动态能力（孙永磊等，2018；戴亦兰、张卫国，2018；谢卫红等，2018）等层面进行了大量的讨论。

（3）企业战略。现有文献对企业战略与商业模式二者的关系争论不休。活动系统视角下的观点认为，企业战略与商业模式是两个完全不同的概念（Zott，Amit，2008）。企业战略从长远角度统筹企业的发展方向，对企业价值导向和价值目标的确定具有重要指导作用，也对企业商业模式的设计产生重要影响。在商业模式研究中，价值目标更多地体现为对顾客的价值主张，并作为商业模式重要的构成要素（Saebi et al.，2017），关乎其他参与主体是否愿意持续参与商业模式的价值创造活动（Amit，Zott，2015）。因此，企业有必要秉持用户导向的理念，从用户的角度进行思考。例如，当企业推进服务化时，会显著改变企业提供给顾客的产品或服务的内容，或使企业与顾客之间的结构关系发生变革（Carlborg et al.，2014），促进企业实现高绩效。这个过程中，服务化的推行往往需要与合适的商业模式进行匹配（张睿君等，2020）。

2. 外部环境因素

外部环境因素主要体现在以下方面。

（1）行业因素。从商业模式的内涵来看，商业模式是跨越核心企业甚至行业边界的活动系统（Zott，Amit，2007），这就使商业模式的设计、创新必然受行业因素的约束。不同的行业环境直接影响企业商业模式的选择、设计（Visnjic et al.，2019；Cusumano et al.，2015）。这方面的讨论大多从外部环境不确定性的角度考虑，例如，从行业技术的不确定性、竞争强度等视角展开细致分析（吴晓波等，2019）。一方面，由于商业模式嵌入企业所在的行业环境，商业模式设计必须遵守行业技术和规范以获取必要的制度合法性；另一方面，企业所处行业资源的丰富程度对企业的生存发展，尤其是新创企业的市场扩张等都具有深刻影响，也是企业选择商业模式的重要依据（Zott，Amit，2007）。同时，行业发展周期也给企业在商业模式类型上的选择带来了深刻影响（Visnjic et al.，2019）。此外，市场需求的不确定性也是影响企业商业模式选择的重要因素，这种不确定性更多地由顾客需求的变动所引发（郭海、沈睿，2012）。企业商业模式设计和调整的目的在于通过对资源和能力的配置，为顾客提供个性化的产品或服务，从而为顾客和企业创造价值。如何有效应对市场需求的不确定性，已成为商业模式设计必须思考的重要内容。

（2）政府。政府作为重要的制度因素，对商业模式的设计、转型、升级乃至创新带来重要影响（曾萍等，2016）。这是因为，我国的市场经济体制仍处于不断完善阶段，政府依然在较大程度上掌握着部分关键资源的分配。政府通过政策引导、行政审批、资金补助、技术支持和法律保护等多种方式参与企业商业模式的具体实践（Nemet，2009）。尤其是对特定行业企业（如战略性新兴产业中的企业）来说，企业的发展和创新活动更是有可能获得政府的鼓励和大力扶持。当然，也有文献指出，政府的角色有时更像是一把"双刃剑"，在为企业商业模式创新营造健康有序的环境、减少创新风险的同时，也有可能起到抑制创新活力的负面作用（Ma et al.，2015）。

（3）其他因素，如来自利益相关者的影响。商业模式突破企业或行业的边界（Zott，Amit，2007），商业模式的价值创造需要核心企业与各参与主体即利益相关者共同协作，利益相关者的活动是影响商业模式设计的因素之一。在价值创造活动过程中，需要明确哪些活动应由核心企业实施和治理，哪些活动应由利益相关者执行和治理。当核心企业和利益相关者的价值活动互补时，能够激发更大的价值创造潜力，促进利益相关者的参与和融入，增强价值创造活动的锁定效应（Amit，Zott，2015）。

笔者通过梳理文献发现，现有研究已尝试从各个角度检验影响企业商业模式设计、创新的因素，这些讨论将在未来研究中获得拓展和丰富。通过对比可以看到，已有讨论对组织情境因素的考虑多于外部环境因素，涉及的范围更广泛。应该看到，当前环境下，部分因素的影响不断得到强化，逐渐被企业内化而给整个商业模式带来革命性变化。例如，数字化正以颠覆式姿态重构众多行业，数字技术正给价值创造的逻辑或收入模式带来重大影响。由数字技术及其硬件设施构成的数字化基础设施，越来越对商业模式创新具有使能作用（刘洋等，2020）。近年来，虽然有研究从区块链、物联网（Haaker et al.，2021）、人工智能（王烽权等，2020；Burström et al.，2021）等角度进行讨论，但这方面的研究依然有待丰富。在主流的战略研究观点里，技术本身并不能给企业带来长期的优势，这是因为技术的获取变得越来越容易，而只有当技术与特定的组织情境（包括认知、惯例、层级结构等）相结合时，企业才会创造竞争优势（Volberda et al.，2021）。

在智能制造的环境下，制造企业商业模式设计也日益需要企业在战略层面具备数字化导向以更好地理解数字化、智能化带来的新的创新机会（Kindermann et al.，2020）。席卷全球的数字化浪潮给企业的价值创造逻辑带来了重大影响，但过往部分因素的影响力有可能被强化而非弱化。例如，数字化转型过程中，商业模式实施更需要获得高层管理团队的推动和支持（谢卫红等，2018），数字化转型亦是认知深化和升级的过程，需要获得高层管理者对数字技术意义的理解，对如何利用数字技术构建竞争优势进行规划等（Volberda et al.，2021）。同样地，政府的作用依然不容小觑，尤其对于智能制造企业而言，是否获得政府前瞻性的规划和政策指引以及资金扶持，将在很大程度上影响智能制造企业商业模式的选择、转型、升级等（周勇等，2022）。另外，由于不同细分行业的智能制造企业的数字化水平不尽相同，有必要充分考虑行业因素所带来的影响（Zhou et al.，2019）。

在研究方法方面可以看到，已有的研究以大样本实证研究为主，近年来越来越多的文献开始倡导采用案例研究或使用QCA，更为细腻地剖析商业模式的形成及其内在机理（Snihur，Zott，2020）。在研究对象方面，现有研究较多地聚焦于科技型企业和创业型企业，针对特定行业企业的分析较少，对制造型企业的关注也不多。尤其是对于智能制造企业来说，商业模式的选择和设计在缺乏系统性理论指导的情况下往往需要不断试错才逐渐明晰（Laudien，Daxböck，2016）。在新一代数字技术与实体经济深度融合以及制造企业转型升级的大环境下，智能制造企业将为商业模式研究提供鲜活的案例和丰富的素材。

较传统制造企业不同，智能制造企业是推进我国智能制造和实现制造强国的重要构成单元，是国家鼓励和大力支持的企业对象，同时，智能制造企业在数字化方面大多已进行相应的技术投入和经验积累，其商业模式呈现典型的数字化特征，这是以往的研究容易忽略的方面。本书以智能制造企业为研究对象，基于适应性结构化理论，在已有的研究基础上突出数字化对智能制造企业商业模式的影响。在研究范式上，本书从组态视角提炼和分析智能制造企业的前因，尝试为学术界提供理解智能制造企业商业模式影响因素的整合分析框架。

综上，本书绘制了智能制造企业商业模式影响因素模型（见图2-1）。如上文所述，本书在研究对象、研究范式等方面都与已有的研究不同，是对已有的研究的深化和拓展。

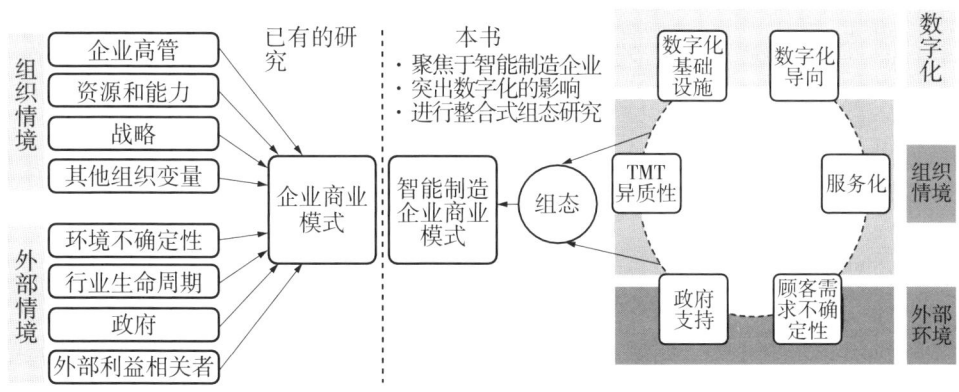

图2-1 智能制造企业商业模式影响因素模型（本书与已有的研究对比）

表 2-1 商业模式影响因素的代表性文献整理

视角		影响因素	因变量	研究方法/样本数	研究对象	理论基础	代表性文献
组织情境	企业高管	创业者经验	商业模式创新	问卷调查（297）	创业企业	人力资本理论	杨特等，2018
		高管团队行为	商业模式创新	问卷调查（177）	一般企业	无	胡保亮等，2020
		高管支持	商业模式调试	问卷调查（198）	一般企业	制度理论	谢卫红等，2018
	资源和能力	动态能力	商业模式创新	问卷调查（207）	初创企业	动态能力	戴亦兰，张卫国，2018
		互补资产	商业模式创新	问卷调查（178）	一般企业	关系交互理论	吴东等，2019
		知识搜索	商业模式创新	问卷调查（256）	科技型新创企业	无	吴增源等，2018
		开放学习	商业模式设计	问卷调查（183）	高新技术企业	商业生态理论	魏泽龙等，2017
		创业网络	商业模式内容创新	归纳式跨案例研究	创业企业	企业网络理论	云乐鑫等，2017
		产品市场战略	商业模式设计	问卷调查（170）	创业企业	构型理论	Zott，Amit，2008
	战略	服务化战略	商业模式	问卷调查（157）	制造企业	无	杨志波，2018
		战略认知	商业模式新颖性	问卷调查（238）	一般企业	战略认知理论	魏泽龙等，2017
外部环境	外部环境	行业技术	商业模式创新	多案例	电子商务平台企业	无	邵鹏，胡平，2016
		行业技术、竞争强度	商业模式创新	问卷调查（166）	创业企业	服务主导逻辑	江积海，廖芮，2017
		市场需求不确定性	商业模式创新	问卷调查（159）	一般企业	交易成本	吴晓波等，2019
	政府	政治资源	商业模式转型	面板数据（151）	中小企业	资源依赖理论、公司治理理论	李黎等，2015
		政府支持	商业模式创新	问卷调查（318）	一般企业	无	曾萍等，2016
其他		商业模式模板	商业模式设计	案例研究	新兴市场中的企业	利益相关者理论	Amit，Zott，2015

注：根据相关文献整理。

2.3 智能制造企业商业模式与绩效关系的相关研究

企业之所以热衷于讨论商业模式的话题，是因为好的商业模式能够帮助企业降低成本、优化流程、引入新产品和进入新市场，最为重要的是能够提升企业的财务绩效（Foss，Saebi，2017）。企业实施商业模式旨在最大限度地为价值活动中所有参与主体创造和分配价值。商业模式与绩效的关系已在系列的实证研究中获得了相关检验。基于效率型、新颖型商业模式设计的测量量表的开发，Zott 和 Amit（2007）利用来自欧美地区的创业企业样本数据对商业模式设计与企业绩效（股权的市场价值）的关系进行了实证探讨，发现只有新颖型商业模式设计能够提高企业绩效，而这种影响不因环境的变化而改变；但当企业同时实施效率型、新颖型两种商业模式时，反而带来出乎意料的结果，即同时实施两种商业模式并未给企业带来绩效的增长。通过进一步研究，Zott 和 Amit 发现，当新颖型商业模式设计与强调差异化、成本领先、早期进入市场的产品市场战略之间进行匹配时能够提高企业绩效，由此他们得出商业模式与产品市场战略之间为互补而非替代关系的结论（Zott，Amit，2008）。与此同时，国内部分学者采用 Zott 和 Amit（2007）开发的量表，在分析我国情境下的商业模式与企业绩效关系时却得出了不同的结论，表现在当企业实施效率型商业模式时也能积极促进企业绩效的增长，即使采取不同类型的企业样本也能获得一致的结论（罗兴武等，2017）。也有文献从更加细致的维度进行分析，如从创新绩效或财务绩效等角度检验了商业模式对企业绩效的积极影响（王素娟、王建智，2016）。尽管研究结论存在着差异，但上述研究都隐含了一个基本理论假设，即商业模式是提升企业绩效的重要因素（Foss，Saebi，2017）。除此之外，现有文献还对商业模式与组织适应性（吕鸿江等，2016）、竞争优势（Markides，Sosa，2013）等关系进行了分析。

同时也应看到，一些文献详细分析了商业模式对企业绩效的影响机制，以期全面揭示二者的复杂关系。在这个过程中，其内在关系可能会受环境动态性（郭海、沈睿，2012）等因素的调节，或存在创新双元性（胡保亮等，2020）、先动市场导向（刘建国，2016）、合法性（罗兴武等，2017）等变量的中介效应。这些研究表明，商业模式与企业绩效的关系尚未全面揭示（Foss，Saebi，2017）。有学者从新的研究范式展开综合分析，发现单纯强调新颖型商业模式并不能给企业带来高绩效,倡导从整体角度分析多个影响因素对商业模式的联合作用(Leppänen et al.,2021)。此外,商业模式的实施需要一定的过程,商业模式带来的企业价值存在滞后性,而现有的实证研究大多采取问卷截面数据,很少有研究在讨论和检验二者关系时将时间维度(如不同时段的数据)纳入分析框架。

2.4 相关理论基础

2.4.1 服务主导逻辑

服务主导逻辑(service-dominant logic)的概念与产品主导逻辑(good-dominant logic)是相对的。长期以来,制造企业的创新活动在很大程度上受产品主导逻辑的影响(Vargo,Lusch,2004)。在这一逻辑指导下,企业主要关心有形产品的生产。通过专业化的劳动分工,企业能够对标准化的产品生产进行有效控制,并根据顾客的需求进行产品制造和销售。然而,在供给大于需求的时代,传统的产品主导逻辑逐渐转向服务主导逻辑,驱使企业的关注重心发生转移并意识到有形产品只是构成服务的部分内容,服务才是市场交易中的本质对象。这种服务的内涵体现为行动主体使用技能、知识等为其自身和其他主体创造收益(Vargo,Lusch,2004)。按照服务主导逻辑的观点,价值在用户体验服务后决定,只有满足用户需求,服务的价值才能显化。

服务主导逻辑重新定义了资源,它将资源视为行动主体能够利用的企业内外部任何资源,包括有形资源和无形资源(Vargo,Lusch,2004)。服务的关键是实现资源整合(Akaka,Vargo,2014)。更为重要的是,服务主导逻辑将对象型资源和操纵型资源进行界定和区分。所谓对象型资源就是行动主体能够利用的资源,主要为一般的有形和静态的资源(如自然资源、生产资源、设备等),而操纵型资源是那些能够作用于对象型资源并产生特定效果的其他资源(如技能、知识、信息通信技术),通常是无形的、动态的。操纵型资源是驱动资源整合的关键要素(Lusch,Nambisan,2015;Srivastava,Shainesh,2015)。经过多年的发展,服务主导逻辑形成了"服务是一切经济交易的根本基础、操纵性资源是竞争优势的根本来源"等基本理论命题(Vargo,Lusch,2004),为以后的研究奠定了较为扎实的理论根基并形成了完善的框架。可以说,服务主导逻辑为理解未来制造业的价值创造和转型升级提供了很好的理论解释（许晖、张海军，2016；戴亦舒等，2018）。

服务主导逻辑为本书从服务化和数字化两个维度对智能制造企业商业模式进行分类提供了重要的理论依据，其理论指导意义具体体现在本书的第三章。对智能制造企业来说，一方面，服务是智能制造企业开展市场交易的本质对象，服务化是企业遵循的必然逻辑，也是智能制造企业价值主张的重要体现；另一方面，智能制造是数字化支撑的先进制造模式。按照服务主导逻辑的观点，资源整合过程中的资源液化对于实现企业服务创新至关重要（Chester Goduscheit，Faullant，2018）。资源液化是资源整合的前提和基础，是指数据脱离物理实体形成数字化形态从而能够在网络空间中自由传输，是实现智能制造企业智能生产、智能管理和智能服务的重要基础（戴亦舒、张卫国，2018）。而作为操纵型资源的数字技术在资源液化过程中扮演着极其关键的角色，它帮助制造企业从物理设备中解耦关键信息，降低物理运输过程中产生的时间和成本，对相关资源进行液化从而产生新的服务理念（Lusch，Nambisan，2015）。在某种意义上，服务与数字技术存在耦合关系，服务与数字技术的组合和协同作用不断驱动制造企业实现价值创造。实际上，这也符合服务主导逻辑的核心主张，即强调企业与顾客在资源整合相互作用中共同创造价值，通过构建和形成新的价值创造逻辑（商业模式）实现企业自身和顾客的价值。因此，服务主导逻辑有助于理解服务化与数字化二者的组合和协同作用（Chester Goduscheit，Faullant，2018；Zhou et al.，2021），以及对智能制造企业商业模式形成所造成的影响。因此，服务主导逻辑能够为智能制造企业商业模式分类提供积极的理论指导。

2.4.2 适应性结构化理论

适应性结构化理论是在结构化理论基础上提炼升华形成的。结构化理论源于社会学理论，最初主要应用于剖析个体（行为主体）与社会（结构）之间的互动关系。根据 Giddens（1979）的研究，结构为人类行为所创造、复制和建构，不断介入社会活动中的各项资源及规则，通过个体活动与社会之间的互动关系促进结构规则及资源的形成，进而引导行动发展。后续研究中，结构化理论被引入管理信息系统研究领域，Desanctis 和 Poole（1994）采用 Giddens（1979）的结构化理论来研究先进信息系统对企业的影响并开创性地提出了适应性结构化理论（adaptive structuration theory，AST）。简单地说，AST 认为，先进信息技术能够引发适应性结构化流程，能够使组织中的规则和资源发生深刻改变（Desanctis，Poole，1994）。AST 还认为，信息技术的使用会受到外部环境和使用目标的影响，需要与其他结构源进行匹配才能更好地实现技术带来的组织期望。基于 AST 的思想，学术界从不同的领域讨论了社交媒体等数字技术对组织变革的影响（Desanctis，Poole，1994；Schmitz et al.，2016；Sinclaire，Vogus，2011；Turner et al.，2019）。

随着研究的推进，一些学者注意到，技术使用过程中技术本身存在结构二元性的特征（Orlikowski，2000）。研究认为，技术并不是简单地由设计者和使用者带来的物理上的建构，技术同样受到施以诠释性行为的使用者所带来的社会意义上的建构，这些使用者每次使用技术都会赋予技术特定的意义。当使用者遵从技术使用指示说明时，技术的主要功能就能获得释放，此时，被技术赋能的使用者也会对技术结构产生新的解释和认识（Orlikowski，2000）。技术的二元性实质上也体现出技术使用过程中所呈现的两种结构，即技术结构和组织内部结构。基于对技术结构的深刻认识，为了更好地发挥 AST 的指导意义和深入剖析技术对组织变革的影响，Schwieger 等人（2004）提出了修正后的适应性结构化理论研究模型，全面分析了组织技术应用影响因素的三大来源、技术应用过程中的组织变革以及技术应用给组织产生的绩效结果。在影响因素方面包括三个来源：先进信息技术结构、内部结构源以及外部结构源。具体来说，先进信息技术结构主要是指技术在使用过程中所呈现的结构特征和技术精神。其特征包括技术的全面性和复杂性：全面性是指技术为使用者提供的在特征和能力方面的数量和多样性，复杂性是指技术在使用过程中的难易程度。相应地，技术精神被定义为技术被使用的通用目的以及所具有的价值和目标（Desanctis，Poole，1994）。而先进信息技术的精神更多地体现为一种兼容性，它与组织创新、组织需求、潜在目标以及价值观的契合度有关。概括而言，先进信息技术结构中的因素更强调规则和机制的确立。内部结构源包括结构化和文化两个方面：结构化主要涉及专业化（组织内拥有特定技能的个体或群体的分布情况）和集中化（决策制定的集中情况）；而文化方面则包括组织成员的受教育程度、经验和互动方式。内部结构源更有可能受管理者认知的影响。外部结构源包括组织间关系、政府、行业竞争，以及客户等方面的因素。外部环境主要体现在技术应用过程中外部环境带来的不稳定性和突变性，以及对此采取的应对措施。技术应用包括结构应用和业务流程两个方面，结构应用是指决策制定主体在技术应用过程中认同的应进行的适应性活动。在这里，技术通常是在使用过程中被定义而不是由技术本身特征定义。业务流程指的是日常运营中的业务活动，它能够决定技术在组织内以何种方式被应用。同样地，对技术的良好管理亦能影响技术的应用以更好地匹配业务流程（Schwieger et al.，2004）。

Schwieger 等人（2004）认为，先进信息技术给组织带来的最终结果主要体现在提升组织获取新知识、新技能的能力和全面提高组织的有效性两个方面。而这些结果同时又反过来形塑先进信息技术结构、内部结构源、外部结构源，使技术应用过程和结果形成良性的循环机制。在后续研究中，修正后的适应性结构化理论常常被用于为分析新兴技术如何影响组织变革提供理论分析框架（樊博、于元婷，2021）（见图2-2）。

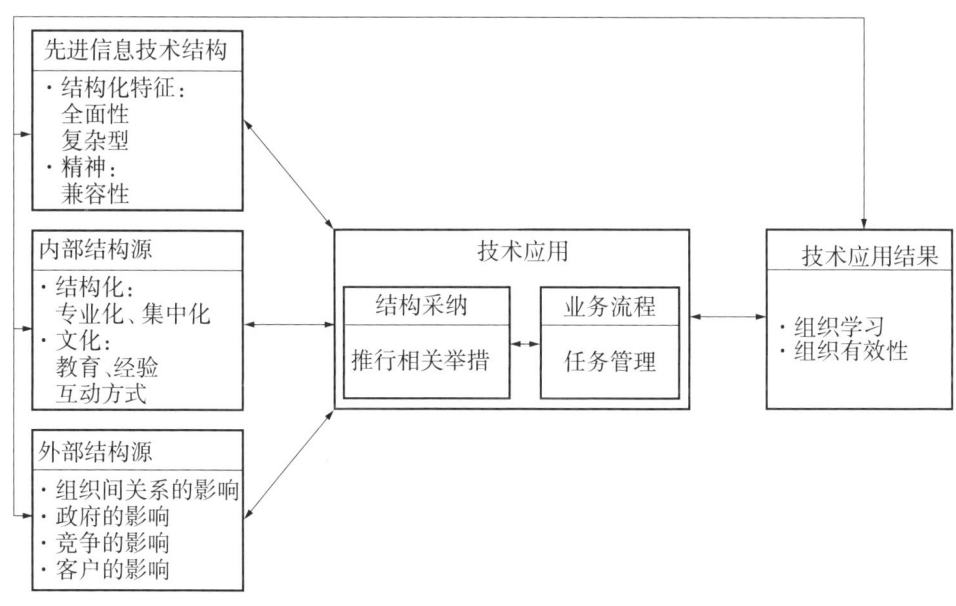

图2-2 修正后的适应性结构化理论模型

注：根据 Schwieger 等人（2004）的研究绘制。

适应性结构化理论为智能制造企业商业模式影响因素的识别、选择提供了契合研究情境的、系统性的理论分析框架，为本书从先进技术结构、内部结构源、外部结构源这三个方面提取影响智能制造企业商业模式的因素提供了理论框架，其理论应用体现在本书的第四章。在商业模式研究领域，结构化理论能够指导企业摆脱组织惯例的束缚，而组织要想冲破行业的主导逻辑构建新的商业模式，需要对已有的组织惯例（如共同价值观念和信念）进行调整乃至重塑。此外，商业模式研究领域越发关注现代信息技术，适应性结构化理论的分析框架为剖析现代信息技术在商业模式形成、调整等过程中的影响提供了积极的理论思路。商业模式本质上属于组织结构的特定形态（Zott，Amit，2007），在智能制造的情境下，制造企业的商业模式受到新兴数字技术的形塑和深刻影响，而适应性结构化理论为剖析这类影响提供了很好的理论视角。

2.4.3 组织构型理论

组织构型（configural organization）的概念诞生于20世纪80年代，由Miller及其合作者提出并引入组织管理研究领域。在其一系列的经典奠基性文献中，Miller（1987，1996）对组织构型这一概念进行了较为详尽的阐述。它是指组织的元素按照单个主题进行编排和连接的程度，其核心假设是通过识别不同的、内部一致的组织集合以更好地理解组织现象，这种思想提倡采用整合视角分析组织管理问题。组织构型不仅是对传统权变观点的发展，也对组织研究中因果关系、分类学、绩效增长的解释等产生了深刻影响，甚至发展出新的研究范式。近年流行的定性比较分析方法就是基于组织构型的思想所发展起来的新兴研究范式（Fiss，2007，2011）。需要说明的是，"构型"与"组态"容易带来理解上的困惑，这两个词都源于对英文"configuration"一词的翻译，国内部分研究将这两个词混用。事实上，"构型"一词更多地用于理论层面的表达，如对组织构型理论进行描述；"组态"一词则更多的是对基于特定分类结果的概述，如通过定性比较分析方法形成的经验分类，通常用"组态"来表达。基于此，本书将根据不同的情境选择适宜的词汇表达。

与还原主义下的权变观点不同，组织构型理论旨在将组织各构成要素视为整体并通过探究各要素之间的相互作用及其对组织的影响，克服传统的聚焦于单个因素的局限性，有效避免"只见树木不见森林"式的研究不足。组织构型研究促进了分类学的讨论，从分类的角度来看，组织构型本身也是一种分类方法，包括理论分类（typology）和经验分类（taxonomy）两种（Meyer et al.，1993）。理论分类是以概念为驱动的先验式分类方法，其本质是基于先验理论将组织分为不同类别。典型例子如Miles等人（1978）依据产品－市场战略的不同情况将组织设计分为探索、分析、防御、反应四种类型。经验分类是以事实为依据，通过经验驱动的后验式分类方法。这种分类方法旨在辨识组织元素之间的异同，从而为描述、解释以及预测组织现象提供帮助。典型例子如近年来在组织管理研究领域流行的定性比较分析方法中，学者们通过数据分析影响战略变革、提高政府网站建设绩效等结果的前因组态，其组态结果实质上就是经验分类（杜运周、贾良定，2017；张明、杜运周，2019）。理论分类和经验分类这两种分类观点并非相互对立，而是有同等价值的、互补的表示组织构型的两种分类方式（Meyer et al.，1993）。此外，组织构型对组织绩效具有较强的解释力。越来越多的研究认同组织绩效增长并非单个而是多个因素综合作用的结果。较传统线性研究不同，构型研究从整体角度分析导致高绩效的前因构型，不仅有助于全面地揭示绩效增长背后的因果关系，而且也能够为实践者提供更为系统的理论分析框架。例如，早期研究中，Vorhies 和 Morgan（2003）利用构型理论，分析了营销活动特性与战略类型之间的匹配程度及其与营销绩效的关系。Zott 和 Amit（2008）基于构型理论思想进行研究，发现当新颖型商业模式设计与强调差异化、成本领先、早期进入市场的产品市场战略之间进行匹配时能够提高企业绩效。随着研究方法的拓展以及相关测量的完善，构型研究越来越受到管理学学者的重视。

为进一步探索智能制造企业商业模式对绩效的影响，深化二者关系的讨论，组织构型理论为本书提供了较为新颖的理论视角。组织构型理论的应用主要体现在本书的第六章，笔者在前文厘清智能制造企业商业模式前因组态的基础上，根据组织构型理论的观点，将各组态（构型）进一步转化成体现商业模式的单一变量，用于检验不同类型商业模式与企业绩效的关系。

商业模式研究热潮的兴起，尤其是实证类研究的骤增，很大程度上归功于 Zott 和 Amit 两位学者对测量量表的开发。而不应忽视的是，两位学者也恰好基于构型理论从商业模式主题的角度开发了对新颖型、效率型这两种类型的测量。也就是说，构型理论为现有商业模式的分类提供了理论基础。除此之外，学术界缺乏以构型为角度分析商业模式与绩效关系的研究，虽然少数新近文献呼吁吸收构型思想以重新审视商业模式与绩效的关系（Leppänen et al.，2021），但这类研究依然有待结合具体的行业情境进行深入讨论。

2.5 文献述评

通过文献梳理可以看到，现有研究围绕智能制造、商业模式这两大主题开展了大量研究，涉及概念、内涵、模式、影响因素等多个方面。这些研究为本书的写作提供了较为坚实的理论和文献基础。尽管现有文献从不同的角度开展了广泛的讨论，但依然存在进一步拓展的研究空间。

1. 智能制造企业商业模式类型亟待明确

整体而言，商业模式的分类研究已得到一定程度上的讨论。现有文献主要采用理论分类或经验分类方法，较多的是从创新来源和强度、价值链环节以及价值逻辑的视角对不同类型企业的商业模式进行分类（原磊，2008；Foss，Saebi，2017；李鸿磊，2018）。但从智能制造企业的角度来看，相关探索可以归纳为服务化、数字化两个方面。尽管现有研究已经取得较为积极的成果，但依然存在着一些不足，主要体现在以下方面：

（1）理论基础相对薄弱。从服务化类型视角出发的商业模式分类研究具备一定的理论基础，本质上是在服务主导逻辑指导下开展的讨论，但数字化视角下的分类依然处于探索式或开发式的剖析，理论基础并不深厚（Guggenberger et al.，2020），且这类讨论聚焦于数字技术或数据资源本身及其价值，并未从企业整体的视角出发进行分析。例如，有文献认为，智能制造的本质就是数字化驱动的新型制造范式，体现了制造企业对工业大数据的集成和应用（安筱鹏，2019）。

（2）可操作性不强。现有的关于商业模式的分类存在视角多样、标准不一的情况，虽然能够为学术界提供多元化的理论观点，但所构建的分类体系大多停留在概念层面，极难落实到具体的测量和分析层面。例如，从平滑型、适应型、替代型三个方面对服务化进行细分（Cusumano et al.，2015），但在具体的企业实践中，这三种服务类型交织重叠，难以剥离，进而不能展开具体的分析。又如，Frank 等人（2019）、Weking 等人（2018）提出的商业模式类型数量分别为九种、十三种，这给后续从理论层面讨论不同类型商业模式的影响因素及其价值创造带来极大的挑战。

（3）针对智能制造企业的研究较少。从文献梳理可以看到，虽然以往的文献对制造企业的商业模式类型进行了一定的探讨，然而，制造业作为宏观性的行业分类,本身涉及的领域、门类极为广泛,相关的分类研究尚未对此进行具体的分析。例如,产品导向型商业模式在机械设备制造业和造纸行业被采纳和实施的情况有可能大为不同。此外,如前所述,数字化与服务化的交汇融合,不仅给企业的服务形态带来广泛影响,而且也深刻影响了企业的价值创造逻辑。在某种程度上,服务化与数字化的融合有可能推动多种不同类型的智能制造企业商业模式形成。

2. 智能制造企业商业模式影响因素有待探究

现有文献对商业模式的影响因素开展了大量的讨论。如上述文献梳理结果所示,学术界对企业内外部影响因素进行了全面的分析(吴晓波、赵子溢,2017)。内部影响因素可以归纳为企业高管、资源和能力、战略等方面,外部因素则聚焦于行业、政府带来的影响。不可否认的是,这些影响因素对智能制造情境下的讨论依然具有启发意义,部分因素的重要意义还有可能被强化和凸显。例如,纷繁复杂的前因讨论使商业模式越来越被视为一种复杂系统(吕鸿江等,2016;Foss,Saebi,2017),使企业的商业模式设计和创新越来越依赖高层管理者的参与和推动(谢卫红等,2018;Snihur,Zott,2020;Frankenberger,Sauer,2019)。技术对商业模式的影响一直未被弱化。在早期的研究中,商业模式就是对互联网技术进行商业化的重要方式(Chesbrough,Rosenbloom,2002)。随着新兴数字技术的涌现,承载数字技术的数字化基础设施越发给商业模式的内容、结构和治理带来深刻冲击,乃至重塑商业模式的整体架构(Zott,Amit,2017)。在研究方法层面,大多数文献聚焦于单个因素的影响,缺乏整合多个因素分析其对商业模式的联合作用的文献,也就难以为实践提供全景式的理论框架。在研究对象方面,现有文献大多关注服务企业,较为缺乏对制造企业的关注。近年来,学术界不断呼吁对制造企业予以更多的关注并开展积极的理论探索(曾锵,2019)。

3. 智能制造企业商业模式与绩效关系有待检验

现有文献对商业模式与企业绩效的关系以及内在机制均展开了一定的探索,为深刻理解商业模式作为企业价值创造的机制与逻辑、提升竞争优势的重要驱动力量提供了积极的见解,也为剖析智能制造企业商业模式对绩效的影响提供了有益的理论启发。围绕智能制造企业,现有研究对商业模式与绩效的关系缺乏基于商业模式分类的细致分析。以往研究中对商业模式的测量往往是界定为同一水平下的单一类型(如效率型或新颖型),在此基础上分析其与绩效的关系。但在实践中，由于不同企业在规模、资源等方面存在差别，其商业模式的内涵或水平也存在着显著差异。尽管大部分研究采取控制变量的方法进行处理，但这种分析所得出的结论有时难以代表或映射特定集合中的企业。以智能制造企业为例，我国智能制造企业数字化水平不平衡，服务化程度也存在差异，处于不同阶段企业的商业模式的内涵必然也不同。若忽略了这一点，则得出的结论有可能模糊了处于两低（数字化水平低、服务化程度低）与两高（数字化水平高、服务化程度高）区域的智能制造企业商业模式在内涵和效应上的差异。

第3章 智能制造企业商业模式分类研究

分类是商业模式研究领域的重要内容,也是理解智能制造企业商业模式的重要基础。本章基于现有文献讨论,以智能制造企业为研究对象,充分考虑智能制造企业的现实情境和价值创造特点,结合现有商业模式分类的思路及相关理论,从是否有服务化和数字化水平高低这两个维度对智能制造企业商业模式进行分类。通过分类,为洞察智能制造企业商业模式提供更细粒度的分析框架,尝试对处于不同阶段的智能制造企业的商业模式实践提供尽可能全面的理论指导。

3.1 分类的背景与目的

分类法作为一种分类形式,通过分类研究,能够进一步推动探讨所划分的类别在内涵、前因、效应等方面的理论问题(吴小节等,2020)。分类的意义在于为特定情境下的企业提供合适的解决方案,因此,分类研究很难全面和完美(Nickerson et al.,2013)。商业模式分类贯穿商业模式实施流程的每个阶段(Amshoff et al.,2015;Remane et al.,2017),企业可以根据特定需求在不同时期选择不同类型的商业模式(Abdelkafi et al.,2013)。例如,企业在制造业服务化的不同阶段可以选择产品导向型或客户导向型商业模式(Visnjic et al.,2016)。有学者呼吁将商业模式的分类与具体的行业情境进行结合(Visnjic et al.,2019)。

智能制造企业往往是有意识地对已有的商业模式作出必要的调整或变革。但事实上,部分制造企业对其商业模式的认识模糊不清(Johnson et al.,2008),简单地跟随主流或盲目模仿现成的模式,难以对智能制造企业商业模式产生深刻的理解,更遑论从传统制造商业模式向智能制造商业模式转变。实践中,应该通过不断试错的方式逐渐获得对智能制造企业商业模式设计的整体认识,然而遗憾的是,业界在这方面尚缺乏系统的理论指导(Laudien,Daxböck,2016)。更为重要的是,现有研究大多将智能制造与商业模式割裂开来进行单独讨论，缺乏对智能制造企业商业模式内涵的深入剖析，以致提出的类型只刻画了智能制造企业商业模式的局部面貌，相关讨论也较为零散。基于上述研究背景和现状，本章致力于从理论上对智能制造企业商业模式进行分类，深化智能制造企业商业模式的内涵，为后续的实证分析提供理论基础。鉴于此，本书在现有文献的基础上，阐述智能制造企业商业模式分类思路和理论视角，陈述分类标准和内容，构建智能制造企业商业模式分类体系，并对分类模式进行系统性论述。

3.2 智能制造企业商业模式分类的思路和理论基础

3.2.1 智能制造企业商业模式分类的思路

基于上述文献梳理，智能制造企业商业模式分类应该综合考虑以下三个方面：

第一，以解决商业模式的本质问题为出发点。商业模式最关键的问题主要为两个，即创造什么价值和如何创造价值。不论什么样的商业模式都需要首先回答商业模式应该满足顾客什么需求的问题（Saebi et al., 2017），这体现了商业模式的价值主张，也是商业模式所构建的价值特征和与价值有关联的活动特征（Johnson et al., 2008; Zott, Amit, 2010）。制造企业的价值主张主要包括制造产品、解决问题以及提供平台等。然而，在所有经济都从属于服务经济的环境下（Vargo, Lusch, 2008），服务化成为制造企业转型升级的主流趋势，也将成为体现制造企业商业模式价值主张的重要标尺。其次，回答如何创造价值的问题，很大程度上是在回答商业模式价值创造来源的问题。Amit 和 Zott（2001）创造性地提出了新颖、锁定、互补及效率四类典型的价值创造方式，为商业模式的价值创造提供了通用的分析框架。然而，智能制造企业本身具有特定的情境，数字化构成智能制造企业价值创造的重要动力，数字化支撑下的制造企业不断累积和形成的工业大数据逐渐构成了企业的战略资产，而如何基于工业大数据的价值开发往往容易被忽略（Kusiak, 2017；刘祎、王玮，2019）。

第二，考虑智能制造企业的情境。从狭义角度来看，智能制造在实施过程中具有层次性，从最初的实现单机设备或系统的自动化逐渐扩展到整个生产过程或工厂的自动化，这与数字化、网络化、智能化的发展路径逻辑大致一致（周济，2015）。从广义角度来看，尽管智能制造在实施过程中会采用物联网、云计算、大数据、人工智能、工业互联网等新兴技术，但这些技术都是智能制造情境下的基础技术，这些技术所发挥的连接、分析、预测等功能整体上体现为企业的数字化水平（Frank et al., 2019）。或者说，在数字化的加持下，智能制造表征为数据驱动的创新生产模式（安筱鹏，2019），从这个层面上来看，智能制造企业商业模式表现为数字化商业模式的形态。智能制造的关键是通过数据的自由流动实现设备层到工厂层、协同层间的集成，以及涵盖了产品生命周期的端到端集成[①]。智能制造企业的集成程度可以体现为数据驱动的应用范围，本质上体现智能制造企业数字化水平的高低。因此，在智能制造企业商业模式分类过程中，数字化水平应该被纳入考虑的范围。

第三，强调分类体系的实用性。现有的商业模式分类存在视角多样、标准不一的情况。部分分类形态过于细化和具体化，虽然能够在理论上提供较为细腻的衡量维度，但普适性较差，且分类结果过于具体也会给测量带来挑战，这也是学术界至今少有文献基于商业模式分类结果开展深层次研究的原因。本书旨在从理论层面构建符合智能制造企业特征的商业模式分类框架，力求分类结果能够较好地反映和指导企业的实践，同时在分类的标准上尽量避免出现模糊不清的情形，通过清晰的界定以保障后续研究，尤其是实证研究的有效开展。

如前文所述，智能制造企业商业模式作为典型的数字化商业模式，对于具有不同数字化水平的制造企业而言，难免在内容、结构、治理等方面存在差异，从而使整个商业模式架构和内涵发生变化。在智能制造的情境下，服务化和数字化是影响智能制造企业商业模式的两大主要因素，服务化从需求端拉动和重塑企业的商业模式价值主张和内容，而数字化从技术端推动并不断重构商业模式（Frank et al., 2019；Haaker et al., 2021）。服务化与数字化不断交织和相互作用共同影响智能制造企业的商业模式，二者在不同水平上的相互作用会给商业模式带来不同的结果。

3.2.2 智能制造企业商业模式分类的理论基础

根据服务主导逻辑的观点，企业价值的创造并非通过产品销售产生，而是由用户体验的服务决定的，有形产品只是服务的构成内容。因此，服务主

[①]《国家智能制造标准体系建设指南（2018年版）》。

导逻辑指导并推动制造企业由提供产品向服务化转型，而数字技术和先进制造技术的使用加速了制造企业服务化转型的进程，某种程度上，提供服务或服务化成为体现制造企业新价值主张的标尺。相较于没有开展服务化的制造企业，服务化在价值主张、提供物以及与客户维持关系等方面深刻影响着企业的商业模式（Kowalkowski et al.，2017）。与此同时，服务主导逻辑对企业资源重新进行了定义，只有那些具有无形、动态特征的操纵型资源（如技能、知识、信息通信技术）才是驱动资源整合和实现价值创造的关键要素（Lusch，Nambisan，2015）。按照这一观点，对于智能制造企业而言，数字化不仅是企业资源实现整合的重要体现，还是支撑企业价值创造的战略资源（Chen et al.，2012；刘祎、王玮，2019）。通过服务主导逻辑可以引申出服务化和数字化对智能制造企业价值创造逻辑也即商业模式的形成具有重要影响。

在智能制造情境下，生产要素更多地体现为数字化资源。不同于传统资源，数字化资源的可编程性（Yoo et al.，2010）、资源液化（戴亦舒等，2018）等特征，给智能制造企业的资源重组乃至商业模式重组带来了新的情境和机会。数字化与服务化之间不断相互影响，共同影响智能制造企业商业模式的形成。从有关数字服务化、数字服务化商业模式（Kohtamäki et al.，2019）、基于产品服务系统的商业模式（Weking et al.，2018）等研究来看，智能制造企业商业模式某种程度上就是数字化、服务化之间创新组合的结果，这为智能制造企业商业模式的分类提供了理论思路和基础。

在现实情境中，并非所有的智能制造企业都处于同等数字化水平，也并非所有的制造企业在服务化领域都会取得令人满意的成效。本书将按照是否有服务化、数字化水平高低这两个维度对智能制造企业商业模式进行分类讨论，以更为细致地剖析处于数字化、网络化、智能化三种不同发展阶段下的智能制造企业的价值创造逻辑，这也是本书开展智能制造企业商业模式分类研究的意义所在。

3.3 智能制造企业商业模式的分类维度

根据前文的讨论，立足于整个制造业，服务化是制造企业转型升级和未来发展的必然趋势，从这个角度看，服务化是影响智能制造企业商业模式的重要因素。根据智能制造的内涵，数字化是区分智能制造与传统制造的重要标尺，智能制造企业商业模式也更多地呈现为数字化商业模式。可以看到，服务化、数字化是智能制造企业商业模式形成的重要影响因素。换言之，某种程度上，服务化、数字化与智能制造企业商业模式构成了因果关系，这符合现有成熟研究中的分类标准（吴小节等，2020）。综上，本书以服务化和数字化作为智能制造企业商业模式类型划分的维度。

3.3.1 服务化

制造企业服务化是开发新产品和提高企业竞争力的重要途径，也是我国制造企业转型升级迈向高质量发展之路的表现（王宗水等，2018）。从现有研究来看，服务化与商业模式紧密关联。部分研究认为制造企业必须将服务化作为设计商业模式过程中的重要思考内容（Rabetino et al.，2017；Wei et al.，2017）。制造企业服务化转型不应脱离价值创造、传递、获取等价值架构（Teece，2010）。也有研究认为服务化也是企业承载价值逻辑的表现形式（Cortimiglia et al.，2016），其本身就是一种企业商业模式（Ayala et al.，2017；Kastalli et al.，2013；Martinez et al.，2017）。这些观点在智能制造的情境中也获得了体现，企业迈向智能制造需要调整商业模式，朝着服务导向型、网络生态型以及顾客导向型的方向转型升级，继而实现价值的创造、传递以及获取，在此基础上以智能产品和智能服务为代表的新兴模式将不断涌现（Ibarra et al.，2018）。

随着服务化与商业模式的不断融合，逐渐出现了诸如服务导向型商业模式等概念（Falkenreck，Wagner，2017；Laudien，Daxböck，2016；Paiola，Gebauer，2020），但这些研究本质上更多的是从商业模式的价值主张展开讨论，也就是说将服务化作为商业模式的价值主张继而推进整个商业模式的调整或创新。需要注意的是，尽管有研究将服务化作为制造企业在高度竞争环境中用来提高收益的一种策略，但这种积极效应与服务化程度相关（Fang et al.，2008）。在某些情况下，服务化也有可能给企业带来不利影响（Benedettini et al.，2015）。例如，有研究指出需要审慎地考虑实施服务导向型商业模式（Porter，Heppelmann，2014），这是因为服务导向型商业模式有可能给企业带来巨大的优势，也有可能会对企业乃至整个行业产生潜在的破坏性（Laudien，Daxböck，2016）。通过对这种不利影响进行深入探讨发现，原因在于企业并未对其提供服务的类型进行细化，而且企业所提供的服务也没有与行业情境或经济周期进行很好的匹配（Cusumano et al.，2015；陈漫、张新国，2016；Visnjic et al.，2019；肖挺，2019）。

从已有的研究成果来看，较为典型的分类方法有：将商业模式划分为产品导向型商业模式和客户导向型商业模式（Visnjic et al.，2016；陈漫、张新国，2016；肖挺，2019），或结合数字化情境将服务分为无数字化的服务、数字化服务以及智能化服务（Tian et al.，2021；Frank et al.，2019）。这些分类具有一定的启发意义，为本书的分类研究提供了一定的研究基础。此外，也有研究从服务功能的角度进行了分类讨论（Cusumano et al.，2015）。

3.3.2　数字化

制造企业的数字化表现为对价值链各环节数据进行搜集、存储、分析和应用以提升价值共创和价值分配的活动和逻辑（Kohtamäki et al.，2019）。智能制造企业的数字化则是以数字化基础设施为重要载体和基础支撑，以工业大数据的集成应用为具体体现的技术逻辑（Kusiak，2017）。数字化基础设施应是智能制造企业的必要性投入和必须不断强化的重要领域，它不仅可以直接反映企业的数字化水平，同时也为工业大数据的生成和应用提供了基础条件（刘祎、王玮，2019）。当前，数字技术越发先进智能，越来越多的制造企业使用传感器和无线技术获取产品生命周期中所有阶段的数据。例如，材料特性温度和设备数据、供应链中的物流数据以及关于顾客的具体数据等，汇聚并构成了制造企业工业大数据的重要内容，使制造模式趋于数据驱动化和智能化（Kusiak，2017）。

智能制造企业数字化水平具体可体现为工业大数据的应用与集成情况。从数据类型的角度来看，工业大数据是整合企业内部传感数据、信息化数据，以及企业外部的用户、供应商等利益相关者的数据集合，在形态方面符合大数据的海量性、多样性和高速性的典型特征。数据驱动带来的价值可以概括为两个方面：一是利用数据对现有业务活动和服务进行增量型改进和优化；二是基于数据创造新的产品和商业模式（Hartmann et al.，2016）。在具体实践中，工业大数据相关技术使企业能够全面感知内外部环境的状态，通过数据的采集、分析和处理为企业基于数据的决策和科学分析提供了可能，在有效降低企业运营成本和提升生产效率的同时也创造个性化定制、大数据营销、远程服务、协同制造等新兴模式。同时也应看到，现实中的制造企业依然面临着数据获取、数据处理、数据应用以及数据质量等问题，给数据驱动的价值创造带来了挑战（Kusiak，2017）。智能制造中的数据、技术集成和应用的层次性问题，导致数据驱动的范围也存在差异，例如数据驱动能够形成不同范围内的结果或形态,包括智能单元、智能工厂以及智能企业(赵剑波,2020)。

综上,服务化和数字化的相关研究为理解智能制造企业商业模式提供了较为丰富的理论基础。近年来,学术界的一些文献开始关注数字服务化(Paschou et al.,2020)或数字服务化商业模式(Kohtamäki et al.,2019),尝试对数字技术影响下的服务化和服务导向型商业模式进行探究,反映了以商业模式为核心内容的服务化与数字化的逐渐融合,但缺乏解构和探析二者在不同程度或水平下的组合及其对商业模式的影响,这也是本书旨在解决的理论问题。

3.4 智能制造企业商业模式分类体系构建与分析

3.4.1 智能制造企业商业模式分类体系构建

根据上述讨论,本书从服务化和数字化两个维度构建智能制造企业商业模式分类体系。具体而言,在服务化这一维度上,较以往按照服务载体或服务功能进行划分的标准不同,本书采取了是否有服务化这一简单的分类方式:无服务化,即制造企业没有从事实质性服务化业务,未将服务化列为单独的经营活动;而有服务化则指的是企业切实开展了服务化活动并为企业创造了一定的收入,也就是说服务化已成为企业能够单独盈利的渠道和重要来源。需要说明的是,这里所指的无服务化是从收入来源的角度进行界定,并不是严格意义上的无任何服务内容。许多制造企业提供基于产品的基本服务,例如售后服务、维修服务等,但这些服务很多时候只是作为产品的附带,虽然很重要,但无法给企业带来新的创收。

之所以这样分类,理由如下:一是从实践层面来看,尽管学术界和实践界倡导制造企业开展服务化业务和推行服务型制造已有多年,但真正能够从事与自身发展战略相匹配的服务化业务并取得良好效益的企业依然是少数,很多制造企业所谓的服务化转型依然停留在"打酱油"的状态(肖挺,2019),且在制造行业的细分领域,服务化水平存在着显著差异。以中国装备制造业为例,作为智能制造的重要领域,其服务化程度依然较低。据《2014中国装备制造业服务创新调查》显示,近五分之四的企业服务收入占总营业收入的比重不足10%,只有6%的企业服务收入占总营业收入的20%以上。

这在一定程度上反映了整个制造业的服务化转型依然具有较大的提升空间。虽然在数字化的加持下企业的服务化转型获得了相应的技术推动，但总体上依然处于初级阶段。二是从理论层面来看，现有文献对有服务化的商业模式与无服务化的商业模式孰好孰坏的问题并无定论，反映出不同类型商业模式与绩效的关系尚未获得全面的检验。虽然很多研究都表明服务化能够给企业带来价值增长，但学术界针对这一观点也存在争议。部分实施服务化并不能给企业带来持续竞争优势，甚至有可能影响企业绩效，类似的案例引发部分研究者的进一步思考，他们认为服务化并不是所有制造企业的"万金油"，"服务化悖论（servitization paradox）"是客观存在的现象（Carlborg et al.，2014）。在这样的情形下，一些研究者从服务内容或服务化演进逻辑的角度对此现象进行解释（Visnjic et al.，2016），或从行业情境的角度展开深入分析（Visnjic et al.，2019）。本书认为，之所以存在上述现象，是由于服务化更多地体现为企业价值创造活动（商业模式）的价值主张，且其对企业绩效的影响往往同时受到组织情境、行业环境的共同作用，迫切需要更加全面地剖析服务化或服务导向型商业模式的形成机制及其与绩效的关系。三是从测量的角度来看，目前学术界从微观层面刻画制造企业服务化程度的方式主要从产出服务化的程度来进行统计，包括经营范围分析法和收入比重法（Fang et al.，2008）。两种方法各有所长，但本书认为，通过经营范围来测算服务化程度无法深入企业的日常运营，企业难免出现"喊口号"的现象。相对而言，收入比重法可以较为直观地体现制造企业的服务化程度。但如上文所述，当前制造企业总体服务化水平依然较低，且很多产品导向型服务与产品本身捆绑在一起，二者的收入数据无法分割。

综上，本书从收入比重的角度按照是否有服务化将服务化分成无、有两种情况，类似的分类方式也见于现有文献（Visnjic et al.，2019）。具体而言，基于数据可获得性的考虑，判断某智能制造企业是否有服务化的标准和流程如下：首先，查看年报的主营业务收入构成中是否有涉及服务化的业务。需要说明的是，少数企业在数据披露过程中，在"其他主营业务收入"项目中涉及少量服务化业务，而这些业务活动的收入在整个收入构成中往往只占很小的比例，这类占比微乎其微且与主营业务无关的服务化业务不纳入本书的服务化分析范畴，本书将其列为无服务化的类别。其次，关于服务化业务的类别，本书参考《国民经济行业分类》（GB/T 4754—2011），该分类标准明确提出了与主营业务相关的生产性服务的详细类别，具体包括技术支持、咨询服务、培训、租赁、研发与信息服务、物流、销售、金融共八种。最后，根据年报中披露的信息和上述标准，如果主营业务收入构成中涉及上述一项或多项服务化业务，则认为企业在该年份从事了服务化业务，反之则没有。这样的分类标准有可能模糊不同智能制造企业的服务化程度及其差异，但笔者以为，本书能够提供更为直观和清晰的分类标准以反映我国智能制造企业的服务化程度和现状。

在数字化水平方面，本书借鉴 Frank 等人（2019）的研究思路，从低和高两个维度进行划分。在其研究中，数字化水平被细分为低、中、高三个层次。其中，处于低级的数字化水平指的是数字技术只被用于支持创建顾客数据库或维护与顾客的关系（如 CRM），数字技术并不提供服务，在这种数字化水平下，服务的传递往往通过人工的方式进行（如上门维修等）。中级水平的数字化指的是制造企业能够使用数字化工具向顾客提供个性化的服务，例如通过使用 App、云计算、嵌入式软件等数字化工具向顾客提供其所需的服务，在这个过程中能够增加解决方案的价值。研究认为，低、中级水平数字化阶段的商业模式都只聚焦于顾客。而在高级水平数字化阶段，制造企业被视为处于工业 4.0 阶段。得益于工业互联网等技术的应用，企业的产品和流程实现高度连接，制造企业能够同时为顾客和企业内部流程创造价值，也能在顾客与制造流程之间创造新的互动模式（Coreynen et al.，2017；Opresnik，Taisch，2015；Rymaszewska et al.，2017）。因此，在最高级的数字化水平阶段，制造企业商业模式的聚焦点不仅包括顾客，而且包括企业内部流程的优化（Frank et al.，2019）。鉴于本书对象的特殊性，智能制造在本质上就是数字化驱动，或者更为具体的，是数据驱动的新型制造模式。因此，本书在数字化水平的划分上与服务化二分法模式类似，从低、高级两个类别进行区分，区分的理论依据主要为工业大数据的集成与应用范围，或者数据驱动的范围。

智能制造的关键在于通过充分利用工业大数据，实现数据在企业的设计、生产、管理、服务等各个环节的自动流动和集成，进而形成数据驱动的制造范式和新的价值创造方式（安筱鹏，2019）。但从目前的智能制造企业实践来看，企业在集成各环节、层次数据的方式上存在差异，且不同行业的智能制造发展水平也处于不均衡状态，造成数据驱动智能制造企业价值创造有着不同的幅度或范围，这可以概括为单一和整合两种情况，这也是区分数字化水平高低的理论界限。数字化水平较低时，则反映为数据驱动范围单一，主要表现为智能制造企业内部仅在产品、设备或生产线、车间层面实现了单个或局部的数字化、网络化或智能化,而设备的数字化和网络化构成了智能制造的重要基础。相关调研显示,虽然智能制造企业设备的数字化水平已经获得显著改善和提升,但是设备之间的联网以及对设备日常运行数据的采集和远程监控的比重依然较低[①],这反映了当前依然有大量制造企业的智能化水平存在很大的上升空间,也可以认为这些企业实现的数据驱动的范围还较为局部或单一。尽管如此,企业依然可以根据对产品、设备数据的采集和分析,实时了解产品和设备的性能状态,依靠数字技术也可以开展基于产品和设备数据的分析服务,探索租赁、咨询等多种新兴的价值创造模式。

处于高水平数字化阶段的制造企业,其数据驱动范围呈现整合态势。在这一阶段,制造企业数字化和智能化水平大幅提升,也使数据驱动的范围获得扩展和延伸,并向整合和集成内外部各环节数据的目标迈进,这与实现贯穿于设备层到协同层的纵向集成,从跨资源要素到新兴业态不同级别的横向集成,以及覆盖产品生命周期环节的端到端集成的智能制造的终极目标是一致的。当数据驱动的范围达到整合的层次时,需要汇集设计、生产、管理、物流等多个环节的数据,集成企业内部和外部利益相关者,尤其是客户、供应商之间的数据,通过对产品数据、生产流程数据、供应链和客户数据的汇集与整合,为建立智能工厂或构建数字孪生系统实现虚拟双向的数据共享和交互提供了前提[②],典型的例子有智能工厂、工业互联网平台等。现实中的案例如美的集团、海尔集团、三一重工等,其通过打造大数据平台或工业互联网平台,汇集企业内部各个环节和供应链的数据,成功建立了数据驱动的制造范式和价值创造模式。在这种情况下,企业集成多个来源渠道的丰富数据为客户提供更加智能的产品和服务,并向本企业客户乃至跨行业客户提供咨询、策划全套解决方案等与客户密切相关的服务,进一步提升客户的体验价值,同时也为企业本身带来丰厚的利润回报。

在智能制造情境下,数据驱动范围直观反映制造企业对工业大数据的重视与应用程度,也深刻反映智能制造企业数字化水平的不同层次,而这一切,都离不开数字化基础设施的支撑(Kusiak,2017)。也就是说,智能制造企业数字化基础设施的完善程度在资源和能力层面决定了企业的数字化水平。为

---

① 《智能制造发展指数报告(2021)》。
② 《2018 中国智能制造报告》。

此，从数据可获得性的角度，本书选取数字化基础设施这一变量来量化智能制造企业的数字化水平。其量化的标准及流程如下：①本书参考 Park 等人（2020）的研究，从数字化投资强度进行测量。具体而言，从智能制造企业年报里披露的固定资产中识别和提取与数字化相关的有形资产，例如，电子设备、通信设备等，同样地，从无形资产中提取与数字化相关的无形资产，如应用软件、网络、信息系统、平台等。这些都是与智能制造企业数字化相关的资产，能够反映其数字化基础设施的投入情况。②将从固定资产、无形资产中提取的数字化资产进行求和，并与公司员工人数进行相除，得到企业在数字化基础设施方面的人均投入值，反映数字化基础设施的水平或完善程度，这在很大程度上能够表征企业的数字化水平状况。③关于数字化水平高低的界定。理论上，如前文所述，智能制造企业数字化水平高低体现在数据驱动范围是单一还是整合。然而，囿于当前数据的可获得性，本书选择以企业数字化基础设施的投入值来反映其数字化水平的高低。对于数字化水平高低的判断，本书参考现有研究的做法（Park et al.，2020），按照定性比较分析（QCA）方法的"集合论"思想，将数字化基础设施作为影响智能制造企业商业模式的重要因素之一，对数字化基础设施这一"条件"进行校准，并根据组态构型中数字化基础设施是否出现作为数字化水平高低的判断标准。也即，本章是从理论上对智能制造企业商业模式展开分类，将数字化作为分类的标准，这种分类方式不仅可以深化智能制造企业的内涵，也为后续探讨智能制造企业商业模式的前因组态提供理论基础。进一步地，在后续分析智能制造企业商业模式前因组态的过程中，本书充分利用定性比较分析方法所具有的经验分类优势，形成与本章理论分类的互补，共同呈现和深化智能制造企业商业模式的内涵、特征。

按照是否有服务化（无、有）、数字化水平（低、高）的情况，本书从理论上将智能制造企业商业模式共分成四个子类，将无服务化且数字化水平低的商业模式命名为增强型商业模式，将无服务化且数字化水平高的商业模式命名为适应型商业模式，将有服务化且数字化水平低的商业模式命名为延伸型商业模式，而将有服务化且数字化水平高的商业模式命名为复杂型商业模式（见图3-1）。总体上，可以将其概括为"一体四型"，所谓"一体"即智能制造企业商业模式，"四型"就是指按照服务化和数字化所细分的四种商业模式类型。需要说明的是，四种商业模式之间存在着递进的关系，增强型商业模式为最初级的模式,而适应型商业模式是较增强型商业模式在数字化水平方面的递进,延伸型商业模式是较增强型商业模式在服务化方面的延伸;同样地,复杂型商业模式作为最高级的模式,是适应型商业模式在服务化方面的递进,亦是延伸型商业模式在数字化水平方面的提高。此外,实践中,智能制造企业有可能存在多种商业模式共存的现象,本书从是否有服务化程度、数字化水平高低这两个维度对智能制造企业商业模式进行理论分类,强调以所分类型为主导模式,并且在理论上阐释了是否有服务化、数字化水平高低的边界,因此,尽管有可能存在多种商业模式共存的现象,但对本书的理论分析并无影响。当然,四种商业模式之间如何递进,其内在的演化机制等并非本书探讨的重点,本书的理论分类主要是为后续的实证分析提供理论基础。

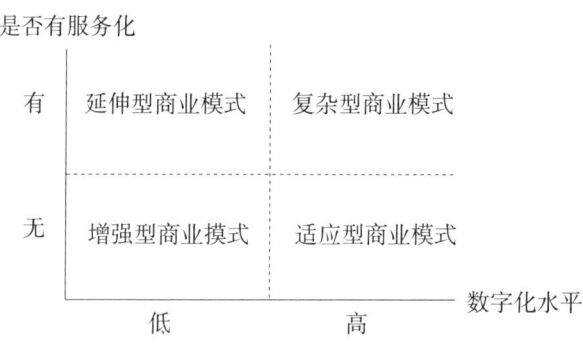

图 3-1 智能制造企业商业模式类型

3.4.2 智能制造企业商业模式的内涵分析

在对智能制造企业商业模式进行分类之后,本书首先对所分的四类商业模式的内涵进行阐述。接着,借鉴 Zott 和 Amit(2010)的研究从内容、结构、治理三个方面对上述四种商业模式展开更为细致的分析。

1. 增强型商业模式

相对于传统制造企业,增强型商业模式就是在智能制造场景下,制造企业得益于有限的数字技术应用,拓展和强化已有商业模式的内涵和整体架构。智能制造企业通过数字技术与制造技术的融合,以及与产品的嵌入实现对产品的功能和体验的改善和优化。同时,借助物联网、传感技术实时采集和分析产品或设备的性能、运行数据从而持续为客户提供以产品为核心的维护、功能升级、故障处理等基本服务，这些服务并不会给企业带来实质性收入，但能提升客户对产品的使用体验和黏性。也就是说，数字技术的创新应用主要以产品、设备数据的集成与分析为主，推动企业产品功能的完善和质量的跃升（Paschou et al., 2020）。不仅如此，通过数字化连接和数据的自由流动，数字技术的应用主要聚焦于企业内部各业务流程的改造。分散在企业内部各部门、各业务环节的数据的汇集，可以极大地优化业务流程和提高效率，同时也显著丰富和增强商业模式已有的内容、结构、治理的内涵和特色。

从设计元素来看，增强型商业模式在内容上主要是向客户提供产品，在数字技术的影响下，产品的外观设计、功能模块以及故障率都得到相应的改善。同时，以产品为中心，不断生成各类嵌入式服务（陈漫、张新国，2016），包括基于数字技术和产品数据分析的维修、检测、升级、监控等服务，这些服务的提供旨在优化产品的性能和辅助产品的销售但并不单独盈利。因此，这类商业模式在内容上增加了数字资源等数字化元素，但由于产品依然占据主导地位，尽管有数字化元素的融入，产品的功能或形态面临一定程度的调整，但不是本质的变化。在结构方面，数字技术嵌入应用使企业更容易提供数字化服务，实现与客户的密切接触。数字技术打破了物理空间的限制，将企业与客户、供应商等利益相关者进行有效的连接（Zott, Amit, 2017），但增强型商业模式聚焦于产品和设备数据的分析与应用，通过数字技术连接的主要对象为客户这类利益相关者。在治理方面，增强型商业模式的治理主要表现在核心企业（智能制造企业）在产品、设备的数据，以及由此形成的数字化服务等方面的管理占据主导地位，核心企业依托数字技术能够提高价值活动的效率。尽管在产品数据搜集、分析过程中有可能涉及数据隐私等问题，但由于所涉及的数据范围单一且大多在企业内部形成，所以，这并不会给核心企业的商业模式治理带来很大影响和变化。

因此，数字技术和产品、设备数据的集成与分析应用，使原有商业模式实现数字化增强，虽然与过往的模式存在着差别，但本质上依然是产品主导型商业模式在智能制造情境下的调整或技术强化，附加值较低（Haaker et al., 2021），商业模式的架构并未发生变化，这与 Foss 和 Saebi（2017）提出的进化型商业模式在内涵上是一致的。现实生活中，许多智能制造企业的商业模式属于增强型商业模式。例如，在推进智能制造的过程中，奥士康科技股份有限公司先后启用 OA 协同办公系统、ERP 系统，并引进一批先进自动化设备以逐步取代人工作业，降低成本，提高良品率，还通过数字技术逐渐连接和打通企业内部各业务环节，实现对已有的商业模式的强化。

2. 适应型商业模式

适应型商业模式是指随着数字化水平的提高，智能制造企业致力于通过整合产品生命周期各环节、供应链以及用户数据，最终在企业内部形成较为完备的工业大数据。适应型商业模式表现为"技术推动"（technology-push）模式（Haaker et al., 2021）。一方面，通过对工业大数据的充分挖掘和应用，企业的产品设计、制造等环节获得更大的提升和改善，或通过软件的嵌入，与互联网、物联网设施形成互联并生成以类似人类的思维方式参与复杂工作的智能产品（Porter, Heppelmann, 2014），提升企业或用户适应外部环境的能力。智能的重要内涵表现在主体对外部环境的适应性（Ibarra et al., 2018）。另一方面，尽管数字化水平不断提高，但制造企业依然只提供一些基础、简单的服务，不过这些服务的特征和形式也随着数字化水平的提高而发生相应的变化，围绕智能产品的相关服务更具有智能特征。例如，整合企业各环节、多层次的数据，为算法的优化和机器学习提供了必要的条件，进一步减少人力的参与和干扰，帮助企业按需向用户提供旨在优化和提升产品功能和质量的嵌入式服务（Porter, Heppelmann, 2014）。

相较于增强型商业模式，适应型商业模式在架构上出现了一些新的变化：在内容方面，企业主要向客户提供智能化产品和辅以以产品为核心的基础服务。不同于以往单一的实体产品，智能产品不仅是嵌入智能芯片的产品，而且能够为企业和用户实时感知、分析外部环境，为后续的衍生服务提供基础，产品的功能和形态发生了重要变化。工业大数据和基于工业大数据的分析、整合、应用能力构成了智能制造企业的关键资源和能力（陈国青等，2018；谢卫红等，2018）。在结构方面，由于整合了供应链等企业外部数据，数字技术的应用和数据的流动使企业与外部利益相关者之间形成了更为紧密的连接。换言之，得益于数字技术的应用，更多的主体能够参与商业模式的价值创造活动，打破了原有的商业模式结构。创新主体由原来的集中化不断向分布式趋势发展（Nambisan et al., 2017；柳卸林等，2020）。这些创新主体可以是企业、个体或机器人。这里所指的机器人泛指软件主体（soft agent），包括脚本或算法等，它们被设计和组合，旨在代表企业或个体从事设计重组、使用重组或路径引导等活动（Henfridsson et al., 2018）。例如，企业通过对用户数据的实时采集并将其转换成用户需求信息，与企业内部生产环节、供应链的数据进行匹配，通过数字技术和数据的流动将用户需求数据分配给生产过程中的各个环节以及相应的供应商，实现对客户需求的快速响应和高效率的执行。也有研究认为，创新主体可以在开放式价值空间中开展价值创造和获取活动（Henfridsson et al.，2018）。在治理方面，整合企业内外部数据的过程中，商业模式的价值创造突破了企业的边界，这给商业模式治理带来新的变化和挑战。哪些活动应由核心企业执行，哪些活动应由外部利益相关者承担，这些任务的分配可以通过数据的自由流动和算法的自动匹配实现，这与开放式创新或分布式创新存在着某种相似性（Nambisan et al.，2017）。同时商业模式创新的流程更强调参与成员间的相互依赖性和共同的价值主张（Adner，2017）。此外，适应型商业模式会引发数据质量和隐私、数据治理等方面的新问题，给商业模式治理带来一定的挑战。

适应型商业模式的案例主要如下：上汽大通汽车有限公司依托数字化平台，构建用户、经销商、供应商、主机厂数据一体化平台与柔性化制造体系，更充分满足用户的个性化需求；潍柴动力股份有限公司实施智能制造整体战略布局，打造了企业级数据中心，在集团、子公司和第三方之间实现了数据集成和共享，可提供发动机的数据采集、运行的监控、故障预测与排除等附加功能，向用户提供优质的售后服务。

3. 延伸型商业模式

延伸型商业模式是智能制造企业服务化程度深化但数字化水平依然较低的商业模式，是典型的"需求拉动"（demand-pull）模式（Haaker et al.，2021）。制造企业通过对产品、设备等局部数据的分析与应用向客户延伸，提供超越产品本身范围的更为广泛的服务，如培训、咨询、提供产品解决方案等，而这些服务的提供成为企业的主要价值主张并构成独立的收入来源，为企业创造新的利润来源。得益于有限的数字技术应用，这些服务很多时候是以数字化服务的形态呈现的（Kowalkowski et al.，2017），也即服务、数字技术、数据之间的融合和重构。数字化需要对产品、设备的信息进行解耦，从而有可能对服务活动的性质进行重塑（Lusch，Nambisan，2015）。这种解耦带来了知识的扩散并创造了企业协作的需求，参与协作的对象不仅来自企业内部，而且也需要企业外部的活动主体参与，从而突破了企业乃至行业的边界（Sklyar et al.，2019）。但是鉴于数据来源单一和数据驱动的范围有限，延伸型商业模式提供的数字化服务往往限于某个具体细分市场。企业在提供数字化服务的过程中，数据分析和应用成为主要的驱动力量（Ulaga, Reinartz, 2011），数字化服务的生产和价值转化过程中的边际成本远远低于传统服务。

延伸型商业模式在架构上具有如下特征：在内容上，实施此类商业模式的智能制造企业的主要提供物是数字技术支持的产品或数字化服务。这类产品或服务相较于产品主导型的基本服务更为专业和个性化，是知识密集型服务的体现，例如策划解决方案、咨询等服务。由于数字化水平较低，这类服务更多的是针对某具体行业或细分行业的特定客户群体，而支撑企业提供这些数字化服务的数字化资源（如物联网、传感器等数字基础设施）、数字化能力（Yoo et al., 2010；Lenka et al., 2017；Calle et al., 2020；谢康等, 2020）构成了延伸型商业模式的关键资源和能力。在结构上，数字技术使智能制造企业与用户无缝连接，能够帮助企业依照用户需要提供个性化的服务。因为延伸型商业模式供给的服务已大大超出产品本身，所以对原有产品供应商等合作伙伴的依赖会有所减弱，但有可能会增加与第三方服务提供商的合作。在提供服务的过程中，可能体现为企业与用户之间的点对点式的精准服务。另外，数字化服务减少了服务过程中的人力资源和人为干扰，这就使数字化服务能够以较低的边际成本进行复制和扩散，提供给同行业内具有共性需求的不同客户群体。从治理方面看，在这类模式中，核心企业对所提供的数字化服务往往是基于长期的业务积累、提炼、升华而形成的成果，核心企业负责了服务内容的设计、创作和价值转化，因此提供服务成为核心企业的关键业务之一。

延伸型商业模式的典型案例如下：青岛酷特智能股份有限公司凭借长期积累的庞大的客户数据，将互联网与制造系统进行嵌入与融合，使企业直接与客户进行对接进而消除中间的不必要环节，实现由传统规模化生产向大规模个性化定制方向转变，再演进升级为解决方案提供商（Zhou et al., 2019）。

4. 复杂型商业模式

复杂型商业模式表现为智能制造企业在服务化和数字化方面均取得很大的进展和提升，商业模式及其价值创造更多地依托于平台甚至生态来实现（吕文晶等, 2019；Burström et al., 2021）。一方面，企业在数据的纵向、横向以及端到端的集成方面取得了十足的进展，形成了完备的工业大数据资源。另一方面，通过平台和数据流将人、机、物进行有效互联并实现需求的及时匹配。智能制造企业不仅能够为行业内的客户提供专业咨询、解决方案等数字化服务，同时还能突破行业的边界，将服务对象渗透到其他行业的客户群体。某种程度上这类商业模式是数据驱动的商业模式与数字技术平台的整合形态，在平台中数据和技术发挥着极为关键的作用（Guggenberger et al.，2020）。同时，智能制造企业与用户、供应商等利益相关者共同形成了新的价值网络或新的生态（Ibarra et al.，2018），这种生态从服务化的角度来看是诸多价值创造活动主体共同协作并形成的数字商业生态（Sklyar et al.，2019），因此这类商业模式比其他模式更为复杂。在数字商业生态里，价值交换机制的范围已超越企业的边界，商业模式的培育和实施将变得更为复杂（Volberda et al.，2021），这与 Foss 和 Saebi（2017）提出的复杂型商业模式和 Haaker et al.（2021）提出的"融合"（convergence）模式在内涵上极为相似。

具体而言，复杂型商业模式具有新颖的架构：从内容上看，一方面，智能制造企业基于平台向客户提供各类数字化服务，通过将行业内外的客户吸附到平台，为不同领域的客户提供服务，也就是说，企业面临的客户群体有可能广泛分布在各个行业和领域，而企业提供的服务类型也获得了相应的拓展。另一方面，平台（工业互联网平台）往往由核心智能制造企业搭建，通过平台能够实现对其他客户需求的及时响应和匹配。在这个过程中，核心企业还提供了资源整合、编排、需求匹配等平台服务以及与平台相关的衍生服务（Amit，Han，2017），不仅创新了价值创造的方式，而且也丰富了价值创造的来源。与此同时，工业大数据和基于工业大数据的分析、应用以及对平台进行运营、维护和管理等方面的能力构成了复杂型商业模式的核心资源和能力。在结构方面，对复杂型商业模式来说，平台构成连接智能制造企业的用户、利益伙伴等重要载体，所有的交易活动都是在平台上开展的。通过平台的网络效应不断吸附各行业、领域价值创造活动主体，将以往难以触及的用户和供应商等利益相关者进行有效连接（Zott，Amit，2017），不仅能够做到点对点的对接，而且能够帮助企业实现"千人千面"的运营目标（Amit，Han，2017）。从治理方面看，由于复杂型商业模式涉及广泛的价值创造主体，使商业模式治理的对象更趋多元化。核心企业不仅要肩负平台的运行、日常维护等重任和提供资源整合、匹配等平台服务，而且还要考虑让参与者在遵守既有的平台规则的同时更具灵活性和创造性，以吸引更多的活动主体使用平台服务。一些研究者认为，应该采用生态系统的思想对这类商业模式的治理进行指导（汤临佳等，2019；Sklyar et al.，2019），或者对合作伙伴采取广泛交流、信息共享、共同解决问题的关系治理模式（吴晓波等，2022）。此外，平台中涉及的数据所有权、数据隐私等也是这类商业模式治理过程中有待思考和解决的问题。

典型案例主要有，海尔集团公司自主开发和运行的国内知名工业互联网平台 COSMO，对用户和企业进行有效的连接，立足并满足用户的个性化需求，同时向包括船舶、装备、运输、电子等行业领域扩散并提供服务，带动不同水平的制造企业朝着智能制造转型，向具有用户导向和社群经济特征的新兴业态方向迈进（吕文晶等，2019）。

本书从服务化与数字化交互视角构建了智能制造企业商业模式的分类体系（见表3-1），相较于以往类似的分类研究，本书的分类具有以下特点：

第一，本书分类对象具有明确的指向性，具有一定的现实指导价值。本书聚焦于智能制造企业商业模式的分类，这是与以往的研究相比不同的地方。智能制造是当今制造企业转型升级和实现高质量发展的重要方向和途径，也是国家大力扶持和关注的重要领域。本书立足于智能制造的现实背景，旨在刻画和勾勒智能制造企业商业模式的轮廓，为智能制造企业的价值创造和传统企业迈向智能制造提供理论分析框架。

第二，本书基于服务主导逻辑从服务化与数字化的角度对智能制造企业进行分类讨论，深化了相关理论探讨，具有一定的理论意义。在充分理解智能制造、智能制造企业商业模式内涵的基础上，笔者认为，服务化、数字化作为智能制造情境下制造企业价值创造的两大主要影响因素，它们在不同程度或水平上的组合亦能给商业模式带来不一致的影响。本书的分类聚焦于商业模式，同时也旨在积极推动服务化与数字化二者的融合及对其价值创造的讨论。

第三，本书的分类研究在类别划分标准上进行了较为清晰的界定，为后续的实证分析提供了可测量的理论基础。结合智能制造企业的总体发展现状，本书在服务化方面按是否有服务化作为类别细分的依据（见表3-2），并对无服务化和有服务化的内涵进行了阐释，既是对已有文献的回应，同时也便于后续的实证分析。同理，本书对数字水平化的高低也进行了较为清晰的界定，尽量避免已有的文献所呈现的概念模糊现象，也有利于推动后续的相关研究。

表 3-1 智能制造企业四种类型商业模式的内涵

商业模式类型	特征	内容	结构	治理	典型案例
增强型商业模式	基于数字技术拓展和强化,数字化水平低,服务化程度低,产品附加值低	基于数字技术和产品数据分析的维修、检测、升级、监控等系列服务,尽管有数字化元素的融入,但内容不是本质变化	数字技术打破了物理空间的限制,将企业与客户、供应商等相关利益者进行有效的连接,主要连接对象为企业客户	核心企业在商业模式治理方面占据主导地位,现有商业模式结构变化不大	奥士康科技股份有限公司启用OA协同办公系统及ERP系统,降低成本和提高良品率
适应型商业模式	通过数字技术实现数据的多维集成和适应环境的商业模式,服务化程度低,受技术推动明显	企业向客户提供智能化产品和围绕产品具有智能特征的服务,产品的功能和形态发生了重要变化。此外,工业大数据构成了关键资源	更多的主体能够参与商业模式的价值创造活动,打破了原有的商业模式结构,创新主体由原来的集中化转为分布式趋势发展	商业模式的价值创造突破了企业的边界,给商业模式治理带来新挑战。同时出现数据质量和隐私、数据治理等新的问题	上汽大通汽车有限公司构建的数据一体化平台提供个性化定制服务体系
延伸型商业模式	数字化水平低,由提供产品向提供服务延伸,具有受需求拉动的特征	主要提供的是基于数字化、知识密集型服务或数字化服务	由于提供的服务已超过产品本身,因此对产品供应商等合作伙伴的依赖会有所减弱,数字化服务人为干扰程度低	核心企业承载和执行服务提供这一主要价值创造活动	青岛酷特智能股份有限公司基于庞大的数据与客户相关的数据,向客户提供个性化定制、解决方案策划、咨询等服务
复杂型商业模式	服务化和数字化程度都较高,价值创造跨越企业边界并依托平台实现,整体甚至生态架构复杂化	基于平台(工业互联网平台)向客户提供各类数字化服务,实现为不同领域的客户提供服务	平台构成连接智能制造企业的用户、利益伙伴等重要载体,所有的交易活动都在平台上开展和实现。能够帮助企业实现"千人千面"的目标	涉及广泛的价值创造主体,使商业模式更趋多元化,治理的对象需按生态系统的思想展开	海尔集团公司自主研发的工业互联网平台COSMO,为不同行业提供的用户领域个性化需求

注:根据已有研究整理。

表3-2 本书分类与已有的分类研究比较

分类视角	研究对象	理论基础	分类依据	分类维度/形态	分类方式	类型数量	代表文献
服务化与数字化融合（本书分类）	智能制造企业	服务主导逻辑	服务化与数字化是影响智能制造企业商业模式的两大主要因素，按照是否有服务化和数字化的组合分类	增强型、适应型、延伸型、复杂型	理论分类	4	Zott, Amit, 2007
创新来源或创新程度	新创企业	构型理论	按照构型理论识别出新颖和效率是价值创造的两个主要来源	新颖型、效率型	理论分类	4	Hartmann et al., 2016
	新创企业	无	从关键数据来源和企业关键活动两个维度的组合进行分类	免费数据集；分析即服务；数据产生和分析；免费数据知识挖掘；数据聚集即服务；等等	经验分类	6	Guggenberger et al., 2020
	非特定	无	根据是否关键数据资源进行分类	数据驱动模式，数字平台模式，数据-平台模式	理论分类	3	Vendrell-Herreroet al., 2018
	制造业	价值链理论	按照企业的定位（生产商还是中间商）	企业定位与数字服务化，数字创业，数字化创业模式组合	理论分类	6	Remaneet al., 2016
	新创企业	无	按数字化与商业模式的嵌入程度进行分类	包括自动化生产，App开发者等14种数字化商业模式	经验分类	14	原磊, 2008
价值逻辑	非特定	无	基于内在构成要素与外部环境要素相结合进行分类	产品和服务与技术基础的组合	理论分类	12	

注：根据已有研究整理。

第4章 智能制造企业商业模式前因分析与模型构建

本章在综合商业模式影响因素研究的基础上,基于适应性结构化理论并从组态视角对智能制造企业商业模式的前因进行全面分析。前面的章节对智能制造企业商业模式进行了理论分类,提出并阐述了智能制造企业商业模式"一体四型"的内涵,而本章聚焦智能制造企业商业模式的本体,提炼和分析影响智能制造企业商业模式的前因,为后续的实证分析提供理论基础。

4.1 现有研究概述

当前,学术界对智能制造企业商业模式的影响因素研究较为薄弱,以致制造企业在面临"延续和深化旧模式"还是"开辟全新模式"的选择时,难以找到理论指导。虽然现有研究对商业模式影响因素的探讨积累了丰富的成果(Foss,Saebi,2017;吴晓波、赵子溢,2017),但部分研究结论不一,缺乏从整体的角度对这些现象进行探究以调和观点存在分歧的理论。同时,现有研究存在理论视角单一、制造企业关注不足等问题。智能制造作为推进我国制造强国战略的主攻方向,为商业模式研究开辟了新的情境,提供了极富意义的研究契机。然而,现有研究结论难以对智能制造企业商业模式的形成机制进行有力的解释。这无法给企业管理者在智能制造过程中就如何创造价值这一问题提供很好的理论指导,而且还有可能会拉开现有商业模式理论与实践的距离。鉴于此,笔者认为,针对智能制造企业商业模式的特点,从整体的视角探究智能制造企业商业模式的影响因素及其效应显得至关重要。

4.2 基于适应性结构化理论视角的前因分析

由前文的文献梳理可知,智能制造是新兴数字技术与先进制造技术深度融后合涌现的新型生产模式，智能制造企业商业模式实质上就是由数字技术形塑的数字化商业模式，它带有明显的数字技术烙印。从组织的角度来看，商业模式本质上表达了企业价值创造的逻辑，在形态上依然是组织结构的特定表现形式（Zott，Amit，2007）。因此，在探究智能制造企业商业模式影响因素的过程中，有必要遵循"以新兴数字技术为主导的组织结构（商业模式）变化"的逻辑。换言之，数字技术的角色不容小觑，应该作为重要的分析切入点。在这样的背景下，适应性结构化理论恰好能为智能制造企业商业模式影响因素的分析提供较为贴切的理论视角。

Schwieger 等人（2004）提出并修正适应性结构化理论模型，从先进信息技术结构、内部结构源以及外部结构源三个方面，全面剖析了以先进信息技术为主导的引发组织结构变革的影响因素理论体系。先进信息技术结构指的是技术使用过程中所具有的结构特征和应有的技术精神。而在智能制造的情境下，结构特征可集中体现在数字化基础设施方面，技术精神则可以映射于数字化导向。数字化基础设施是智能制造企业软硬件技术的集合和架构，是支撑智能制造企业价值开发和创造的重要基础和资源（刘祎、王玮，2019）。数字化导向体现智能制造企业在数字化转型和智能制造过程中的战略思维和布局，是智能制造企业使用新兴数字技术的目标反映。可以说，数字化基础设施体现智能制造企业"能做"，而数字化导向则表征企业"想做"。内部结构源包括结构化和文化两个方面，结构化表现为组织内拥有特定技能的个体或群体的分布情况，而在推动实施智能制造企业商业模式的过程中，高层管理团队无疑是这类结构的最好代表。商业模式的实施是一项系统性工程，尤其是在智能制造情境下，其与企业的创新理念、企业文化、组织管理模式和治理方式、业务流程再造等相关联，倘若缺乏高层领导的参与和支持，将很难变革已有模式并催生新的商业模式（Foss，Saebi，2017；谢卫红等，2018）。作为企业战略的直接制定者和主要助推实施者，高管主要通过提供资源、构建组织能力、打造学习团队等组织条件对企业数字化和创新活动进行支持和推动（Li et al.，2018）。同时，服务化体现为企业由产品主导向服务主导的转变，意味着企业秉持以顾客为中心的组织文化。服务化与数字化也是智能制造情境下制造企业商业模式极其重要的影响因素（Frank et al.，2019；Haaker et al.，2021）。此外，外部结构源包括组织间的关系、政府政策、行业竞争以及客户等因素。考虑到智能制造企业本身的特殊性，在我国，智能制造的推进和发展离不开政府的政策引导和支持。随着中央和地方政府纷纷出台相关配套政策以大力促进智能制造发展，智能制造迈入了新的发展阶段（周勇等，2022），这将在资源、环境等层面极大地影响和塑造智能制造企业的商业模式（曾萍等，2016）。从行业层面来看，智能制造企业处于VU-CA（不稳定、不确定、复杂和模糊）的外部环境下，顾客需求具有不确定性已成为企业经营环境的常态，也是影响制造企业不断调整和优化商业模式的重要因素，以至于许多智能制造企业纷纷采取大数据分析等技术手段，以期能够有效预测顾客需求的动向（肖静华、李文韬，2020）。笔者认为，适应性结构化理论能够为分析影响智能制造企业商业模式的因素提供较为全面的理论框架。本书基于该理论视角识别出影响智能制造企业商业模式的重要因素，并尝试从整体的角度分析这些因素的联合作用，从情境层面拓展适应性结构化理论的应用范围（见图4-1）。

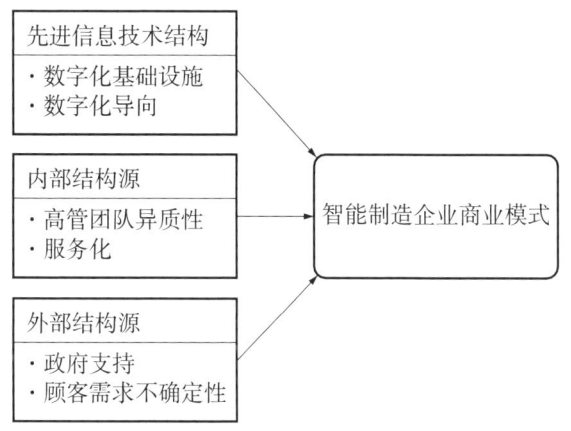

图4-1 基于适应性结构化理论的智能制造企业商业模式影响因素模型

综上，本书从数字化基础设施、数字化导向、高管团队异质性、服务化、政府支持、顾客需求不确定性这六个方面来探讨形成智能制造企业商业模式的前因，系统性地揭示这六个因素对于智能制造企业商业模式的联合作用。需要说明的是，前面的章节从是否有服务化和数字化水平高低这两个维度将智能制造企业商业模式划分为增强型商业模式等四种模式。诚然，这四种智能制造企业商业模式形成的前因或许存在着一定的差异，但这不是本书讨论的焦点，本书并非讨论各影响因素对于智能制造企业商业模式的净效应，而是采用定性比较分析方法，按照集合论的思想，通过对样本企业赋予集合隶属分数，深入分析智能制造企业商业模式形成的前因。同时，根据组态构型特征，结合前文的理论分析，进一步分析不同类型智能制造企业商业模式前因组态，也就是说，本书关注的是不同类型智能制造企业商业模式的形成在前因组态上的差异，而非影响因素选择上的不同。事实上，采用同样的变量来分析导致不同结果的前因组态也见于现有的主流文献（Park et al.，2020）。

4.3 前因分析与模型构建

4.3.1 数字化基础设施

1. 数字化基础设施

现有文献分析了数字化（Yoo et al.，2012）、数字技术等要素对智能制造企业及其商业模式变革的重要性。纵观这类文献不难发现，这些因素的重要性实际上都可以归结为数字化基础设施层面的影响。数字化基础设施作为整合程度更高的概念同时体现了数字化和数字技术的内涵。近年来，数字化基础设施越发引起学术界的关注和讨论（Tilson et al.，2010；刘洋等，2020）。通常而言，基础设施是社会或企业运行所需的基本物质和组织结构，或促进经济正常运行的相关服务。相应地，数字化基础设施被定义为企业或行业正常运行所需的基本的数字技术、组织结构以及相关服务，这种基础设施能够在不同层次（如企业、行业、国家乃至全球）发挥促进作用（Tilson et al.，2010）。从形态学角度来看，数字化基础设施也可以被定义为包含各类数字技术能力及其用户、设计社区等的社会技术系统，它具有共享、无边界、异质、开放且不断演进等特点（Henfridsson，Bygstad，2013），这也是企业形成数字技术可供性的必要前提条件。总之，数字基础设施预示着数字技术演化过程中的新阶段，反映了数字技术在社会生活各个层面的深度嵌入与融合（Tilson et al.，2010）。

数字化基础设施在内容上应该包括软硬件两个方面。对智能制造企业而言，硬件主要指各类传感器、物联网设备、摄像头、移动设备等数据采集硬件设施，软件方面主要有云计算、大数据分析、物联网、智能算法等数字技术及其关联的软件（刘祎、王玮，2019；刘洋等，2020）。数字化基础设施有利于智能制造企业对生产运营管理过程中的多源异构数据进行实时采集、传输、分析及应用，为工业大数据的生成和应用提供了基础条件（刘祎、王玮，2019）。

2. 数字化基础设施和智能制造企业商业模式

数字化基础设施有助于企业管理者构建新的价值网络，改变或优化客户体验，使智能制造企业商业模式能朝着服务化方向发展和深化（刘祎、王玮，2019）。数字化基础设施本身具有延展性特征，能够带来数字资源的重组，创造新产品和新服务（Henfridsson, Bygstad, 2013）。同时，它为制造企业搭建了开放式的创新空间，在这一空间中，数字技术能够将分布在不同层级中的数字资源进行连接以产生不同的独特的价值创造路径（Henfridsson et al.，2018），这为丰富和创新商业模式内容、优化商业模式结构都带来了可能。数字化基础设施改变商业模式内容、结构的作用还体现在依托数字化基础设施，企业能够引入全新的数字技术支持活动，原有产品增加数字化模块和功能，或提供新的具有数字化特征的基本服务功能（Porter, Heppelmann, 2014）。制造企业也可以利用数字技术，将此前处于隔离状态的商业模式参与主体进行有效连接，或将现有参与主体以新的方式进行连接，改变企业与合作伙伴、客户等利益相关者的互动方式（Zott, Amit, 2017）。随着价值创造活动的增多，数字化基础设施也能够推动多元主体进行价值共创并设计新的激励方式，即给商业模式治理带来深刻的变革（Zott, Amit, 2017）。数字技术全面联结各利益相关者有利于企业整合内外资源和数据，更充分、及时地满足客户需求，提升客户的体验，继而促进服务导向商业模式的涌现。

此外，数字化基础设施中所隐含的数字技术具有集成化、平台化、量化的特征，能够重构商业模式架构，形成从局部到整体、从产品到平台的数字化能力（李飞、乔晗，2019）。换言之，数字技术的嵌入给智能制造企业价值创造和价值获取方式带来深刻变革，使得智能制造企业商业模式以数字化商业模式形态呈现（Yoo et al., 2012；Henfridsson et al., 2018；Zaki, 2019；刘洋等，2020）。对于智能制造企业来说，数字技术的广泛应用能够改善制造流程，提高制造柔性和智能化水平。数字技术与制造企业所提供的服务内容不断融合，促进服务在形式和内涵上发生重要变化。例如，所提供的产品和服务在内涵上更为新颖、更具个性和更显智能（Tao et al., 2018）。进一步研究发现，数字技术给智能制造企业商业模式带来的影响具有明显的行业差异性，不同行业的企业在应用数字技术的过程中，需要应对和变革的商业模式的构成要素也不一样（Arnold et al., 2016）。

4.3.2 数字化导向

1. 数字化导向

数字化导向由数字技术引发而形成，是战略导向在数字经济时代拓展的特殊形式（Kindermann et al.，2020）。也就是说，数字技术是数字化导向形成的重要前提，这归因于数字技术所独有的特性（Yoo et al.，2012；Kallinikos et al.，2013），具体表现在数据同质化与可重编辑这两个关键特性上（Yoo et al.，2012）。当前，理论界开始关注并讨论传统的战略导向在驱动和支持现有战略性数字化活动上是否依然有效（Kindermann et al.，2020）。在这样的背景下，Quinton等人（2018）在整合市场导向、技术导向等概念基础上提出了战略导向的概念。Kindermann等人（2020）认为，数字技术已经逐渐侵蚀由传统意义上的战略导向所创造的竞争优势，给组织流程和结果带来了革命性变革并呈现可供性、开放式以及生成性特征（Nambisan et al.，2019），这给企业的价值创造流程及技术要素与组织流程二者的匹配、融合都带来了新的变化，超出了过往IT业务战略讨论的范畴（Bharadwaj et al.，2013）。需要注意的是，现有的关于数字化战略的讨论（Bharadwaj et al.，2013），较多地聚焦于信息技术战略与业务战略的融合，强调数字技术对组织功能的全方面影响（Drnevich，Croson，2013）。然而，这些研究并未在整体上真实反映数字化给组织的战略导向带来的增强的、跨功能的角色。因此，有必要从数字化导向的概念入手深入阐释数字技术所带来的深刻影响（Kindermann et al.，2020）。

Kindermann等人（2020）基于战略协同模型提出了数字化导向的概念及其构成维度。数字化导向是指引组织追求数字化机遇以创造竞争优势的纲领，它包括数字技术范围（digital technology scope）、数字化能力（digital capabilities）、数字生态协同（digital ecosystem coordination）以及数字架构配置（digital architecture configuration）四个维度。数字技术范围指的是企业特定的技术集合，它们决定企业能够为客户创造与数字化相关的价值的范围或程度。数字化能力阐述了人力与组织方面的能动性，反映了组织为培育从事与数字技术有关的人力资本和知识资产所作出的努力，包括组织在技术应用和内部管理技能方面所展示的潜力。例如，独特的组织能力如大数据分析、机器学习、高性能运算能力（Bharadwaj et al.，2013），以及用户体验和人工智能方面的技能。数字生态协同描述了企业如何在开放式技术生态系统中与其他利益相关者互动。为了使生态系统中其他参与者坚持共同的核心价值主张,企业需要以积极有效的协调方式参与其中,只有这样,那些制约价值创造的瓶颈才能被打破。数字架构配置是在充分吸收数字技术自生长性特点的基础上,企业能够对数字化相关活动不断改进、优化(Yoo et al.,2012;Ciriello et al.,2018)。为获取数字技术带来的潜在收益,企业必须在技术和组织层面构建使企业在任何地点都可以利用或按照特定意图使用技术组件的机制(Kindermann et al.,2020)。

2. 数字化导向和智能制造企业商业模式

有文献检验了数字化导向能够为企业带来高绩效(Kindermann et al.,2020)。笔者认为,数字化导向能够给智能制造企业商业模式带来深刻的影响。首先,数字化导向型企业更加倾向于在其提供的产品和服务中嵌入或使用数字技术,创造新的价值以更好地满足客户的需求,这为企业调整和变革已有的价值主张提供了战略布局方面的可能。在数字技术的加持下,制造企业也有可能将已有的商业模式向服务化、数字化商业模式转变(Ciriello et al.,2018;Guggenberger et al.,2020)。这是因为,数字化商业模式聚焦于通过数字化平台为客户提供数字化产品、服务以及体验,它关注在ICT使能的生态系统内创造满足客户需求的全套解决方案,从而使商业模式内容不断丰富。例如,大数据驱动的商业模式较以往模式更强调基于产品的服务、场景及消费者需求(曾锵,2019)。诚然,在这个过程中制造企业的竞争力也将随之提升(Bharadwaj et al.,2013;Drnevich,Croson,2013;Ross et al.,2017)。其次,数字化导向型企业更有能力吸引增值型合作伙伴参与和融入商业生态系统,以一种有效协作的互动方式开展合作,构建和形成稳定的业务活动系统架构,这势必将对商业模式治理提出更高的要求,有利于企业更好地聚焦于客户痛点,通过挖掘新的价值来源实现价值共创(Zott,Amit,2017)。同时,数字化导向属性强的企业通过集成个体、技能以及竞争力等方面的潜力构建和培育数字化能力,可使企业能够在价值创造流程和价值创造结果等方面更加数字化。在数字化能力的支撑下,通过提升人、物、信息之间的连接能力、数据分析能力和信息应用能力,可促进制造企业的商业模式的优化和升级(Lenka et al.,2017;周文辉等,2018),更为明显的是,数字化能力带来的连接能力能够有效改变原有商业模式结构。同时,推动企业价值创造过程中服务化与数字化更高程度的融合，可强化商业模式的服务化导向；最后，数字化导向型企业更有可能遵循全景式数字化战略，致力于整合组织内外数字化资源而不局限于与IT功能相关的资源，有利于扩大组织内部数字技术的应用范围，提升乃至重塑现有资源和能力。例如，对资源和能力的编排、重组，可为企业提供多元化的价值实现路径（Amit，Han，2017；Henfridsson et al.，2018），从而为智能制造企业商业模式提供丰富的资源和能力基础（Drnevich，Croson，2013）。

4.3.3 高管团队异质性

1. 高管团队异质性

对智能制造企业商业模式而言，企业高管团队的关键作用更加凸显。随着智能制造活动的推进，价值创造问题逐渐上升为企业业务战略的核心，这就需要企业高管团队的重视和推动（Kane et al.，2017）。高管团队异质性表征企业高管团队的行动，对企业的行为、商业模式、战略变革等具有极为深刻的影响（Hambrick，Mason，1984；Mehrabi et al.，2021；杨俊等，2020；张明等，2020）。

高管团队异质性是基于高阶梯理论提出的聚焦于高管团队成员特征的理论概念（Hambrick，Mason，1984）。现有文献大多从高管团队的人口统计学特征（如年龄、性别、教育背景、职能背景等）出发，测量和探究高管团队异质性及其在组织行为、创新、绩效等方面的影响（Buyl et al.，2011；Hambrick，2007）。高管团队异质性的理论渊源之一在于信息处理与决策过程中的有限理性，团队成员在人口统计学特征方面的不同直接推动了在高管团队中形成多方面知识、经验以及多元化视角的信息处理方式，这不仅使高管团队更容易具备完善的知识结构，而且也有利于高管团队保持对外部环境的敏感性，有助于企业及时实施战略响应。进一步研究表明，高管团队异质性产生的影响需要与其所处的情境进行匹配，也就说是，高管团队的战略决策具有情境依赖性特征，这与后续修正后的高阶梯理论的观点一致（Hambrick，2007）。总之，学术界已从不同的角度分析了高管团队异质性所带来的影响，而其对企业商业模式的影响也得到了一定程度的讨论（谢卫红等，2018；杨俊等，2020；Guo et al.，2018；Narayan et al.，2020）。

2. 高管团队异质性和智能制造企业商业模式

高管团队异质性给企业资源的配置、商业模式类型的选择带来直接影响

（谢卫红等，2018；杨俊等，2020）。这是因为高管团队成员的受教育程度、职能背景、行业经验等个人特质（杨特等，2018），很大程度上表现为高管团队成员的信念（谢卫红等，2018）、思维模式（Snihur, Zott, 2020）、注意力（Frankenberger, Sauer, 2019）等，可以概括为高管成员对企业数字化、智能化及其价值创造逻辑即商业模式的总体认知或心智模式。现有研究指出，由高管团队异质性表现出的高管信念是高管做出实质性行动的前提条件，只有当高管充分意识到相关项目或创新活动的重要性和价值时，才有可能推进后续决策（谢卫红等，2018）。在这个过程中，高管团队异质性越高，高管团队越有可能在内部发动战略变革（张明等，2020），通过在资源分配、制度建设、项目实施部署等方面行使职能权力，为企业的智能制造和商业模式活动的开展提供支撑性资源（谢卫红等，2018），这就为商业模式内容、结构的调整提供了资源层面的坚实基础。同时，高管团队可以通过参与具体的业务活动，在其中发挥统筹协调、监管等作用（Oliveira et al., 2014），直接影响或改变已有的商业模式治理机制。但需要注意的是，不同类型商业模式形成的逻辑、所需的社会机制和知识机制等方面有所不同，从而导致高管团队选择实施不同类型的商业模式（杨俊等，2020）。

伴随着智能制造的推进，高管团队成员逐渐意识到数字化、工业大数据资源对企业价值创造和经营发展的重要性（Kagermann et al., 2013）。在高管团队的推动下，部分企业加大数字化投入，致力于打通供应链、产品生命周期、客户等内外部数据收集通道以期实现数据的整合和集成（刘祎、王玮，2019）。在这个过程中，企业也不断推动数字化与服务化的融合，使原有的产品导向型、客户导向型服务得到新的拓展和丰富。此外，高管团队异质性给企业商业模式带来的影响与行业背景有关（吴晓波等，2019）：当行业增长较快时，行业内部存在的竞争相对较少，高管团队往往会采取激进的创新方式开展商业模式的调整和升级；而当行业增长缓慢时，市场往往趋于饱和，行业前景并不清晰且竞争相对激烈，这个时候高管团队容易感知到外部威胁，从而影响他们对风险的预估和判断，有可能对企业的创新活动采取保守态度。从现有的关于智能制造企业商业模式的探讨也可以看出，处于不同行业的制造企业，其高管团队异质性水平也不同，对商业模式类型的选择也不一样（Weking et al., 2018）。

4.3.4 服务化

1. 服务化

尽管学术界对服务化的关注长达数十年，但在其核心范式方面并未达成有效的共识（Kowalkowski et al.，2017）。在众多的关于服务化的术语中，可以看出学术界对服务化的主旨要义有着不同的理解。在主流的研究中，服务化被定义为从产品主导的逻辑向服务主导的逻辑转变的过程，服务化的实施通常表现为产品服务系统（product-service system，PSS）形态。在服务化的过程中会引发企业的资源基础、组织能力、组织结构的重新配置或者重构（Baines et al.，2009），甚至改写企业惯例和共享价值观念，导致管理者的心智模式的改变（Kindström，Kowalkowski，2014）。服务化意味着企业致力于提升顾客的使用体验和价值，将更多的精力放在整个价值创造流程而不是局限于产品本身。需要注意的是，服务化容易与相近的概念混淆，如服务融合（service infusion）、服务转型（service transition）。虽然都用于阐释服务增长的过程，但服务化作为一种总体性的概念，包括但超出服务融合的内涵。服务化的概念并非局限于制造企业，服务型企业同样能够实施服务化，只不过其服务化的实施路径与制造企业相比可能并不相同。例如，提供纯服务的银行为了进一步拉近与顾客的距离，提高顾客黏性，在服务提供的基础上增加一些产品主导型业务。

2. 服务化和智能制造企业商业模式

越来越多的制造企业开始遵循服务主导逻辑来进行变革和商业模式创新（Martinez et al.，2017）。制造企业实施服务化最明显的变化就是服务化引起新的价值主张，这给商业模式的整个价值框架带来明显的变革（Ayala et al.，2017）。服务化是制造企业商业模式调整或变革的重要条件。在商业模式内容方面，从服务化的逻辑来看，企业实施服务化也就意味着提供物由原先的纯产品到基于产品的相关服务，或提供直面客户需求和痛点的个性化服务（Vandermerwe，Rada，1988）。这也就进一步引发企业的关键业务流程的调整，促使企业配置相应的资源和能力来保障服务的实施，从而有可能改变制造企业商业模式的内容（云乐鑫等，2017）。在商业模式结构方面，服务化推动企业将注意力集中在顾客身上，致力于在产品和服务的生产、销售和交付过程中与客户建立更加密切的联系，尤其是随着物联网、移动互联网等新兴数字技术的广泛应用，企业能够及时触达顾客和快速响应顾客需求，使商业模式结构更具效率和稳定性（Zott，Amit，2017）。在商业模式治理方面，服务化促使企业不仅对产品负责，而且从顾客的角度思考如何有效地保障和把控服务创造、传递等价值环节的质量和效果（李飞、乔晗，2019）。服务化强化企业以顾客为中心的理念，并使企业在实际运营过程中更加愿意倾听顾客的声音，甚至鼓励顾客参与产品和服务的设计，提升顾客的议价能力（陈春花等，2019）。在这种情形下，企业不得不思考如何设计更好的激励机制来配合服务化的有效实施，这实际上也对现有商业模式的治理机制提出了更高的要求，从而推动商业模式治理的变革。

智能制造企业商业模式深受服务化和数字化的双重影响（Frank et al.，2019；Kohtamäki et al.，2019）。服务化与数字化不断融合共同驱动智能制造企业的商业模式向数字化服务化商业模式的方向转变（Kohtamäki et al.，2019）。例如，在商业模式内容方面，将更多地呈现出数字化、自动化、智能化等服务内容，如自动化解决方案、智能监测等（Parida et al.，2019；Porter，Heppelmann，2014）。

4.3.5 政府支持

1. 政府支持

政府支持是智能制造企业商业模式形成的极为重要的外部影响因素。在中国市场化改革不断深入和持续推进智能制造的环境下，我国的市场经济体制仍处于不断完善的阶段，政府依然在较大程度上掌握着部分关键资源的分配，这也引发理论界与实践界对政府在服务化和价值创造过程中应发挥何种作用展开了广泛讨论。就目前而言，存在着两种不同的观点（康志勇，2017；姚东旻、朱泳奕，2019）：一是倡导政府的"无为"，即减少政府部门对企业的过度干预，因为权力过度集中容易扩大官员设租和企业寻租的空间。因此呼吁有效发挥市场这只"无形的手"在资源配置中所起到的决定性作用。二是认为我国作为新兴市场之一，依然面临着基础设施不健全、金融资本市场不完善、高技能劳动力欠缺等问题，尤其是在诸多领域中存在着制度缺失的现象，严重限制了企业涉足高创新、高风险项目的意愿和能力。作为最主要的制度主体，积极发挥政府的作用使其"有所为"是克服上述现实问题的必然选择（Ma et al.，2015）。

智能制造已上升到国家战略高度，政府支持无疑是推动智能制造企业蓬勃发展和积极探索新价值创造方式的重要推手（周勇等，2022）。从已有的研究来看，政府支持的形式主要有政策引导、行政审批、资金补贴、技术支持和法律保护等，政府支持能够有效减少创新中的潜在风险，减少制度情境不稳定和基础设施不完备带来的弊端，同时还对企业的创新成果起到保护作用（曾萍等，2016）。实践方面，近年来，中央和地方政府纷纷出台相关政策，促进制造企业实施智能制造和不断探索新业态、新模式。例如，工信部积极推动两化（信息化与工业化）融合，对智能制造示范项目进行遴选，对相应的企业予以财政补贴、扶持并鼓励制造企业搭建数据资源池、工业互联网平台等，以弥补企业内部资源和能力的不足，积极推动我国制造企业向智能制造方向迈进。

2. 政府支持和智能制造企业商业模式

有文献对政府支持与商业模式的关系展开了一定的讨论。早期的文献指出，转型经济背景下企业商业模式类型选择与政府支持的匹配极为重要（Ma et al.，2015）。在这种环境下，能够获得更多政府支持的企业，将更有可能获得利益相关者的认可（Sjödin et al.，2021）。也有研究发现，尽管获得政府支持的形式不同，但都能给实施不同类型商业模式的企业带来积极的影响。政府支持能够降低企业商业模式运营成本，提供相应的法律保护，减少由竞争对手模仿带来的损害等（曾萍等，2016），从而有利于促进智能制造企业商业模式内容的调整和优化，保障商业模式结构的稳定性，激发企业升级商业模式的动力。来自政府的资金、信息、技术等方面的支持，有利于推动智能制造企业不断思考并向服务化方向发展（周勇等，2022），为促进数字化与服务化的融合、创造新的服务内涵和价值来源带来可能。这个过程也有利于减少企业在数字化和服务化方面的投入成本，推动智能制造企业开展基于产品的服务化业务或探索直面客户需求和体验的服务内容（Porter，Heppelmann，2014），从而扩大交易活动的参与对象范围和边界，有利于促进企业重新思考和设计新交易情境下的商业模式治理机制。尤其是在客户导向型服务探索方面，这类服务往往需要企业具备新的能力、资源，同时也有可能面临潜在的创新风险（Visnjic et al.，2016）。而此时政府若提供相应的法律保护，为特定行业智能制造企业发展营造稳定的市场环境，无疑能够有效推动这类服务导向型商业模式的探索和实施。需要注意的是，政府支持作为外部驱动因素给智能制造企业商业模式的实施带来的影响,很多时候是以撬动其他资源或驱动因素形成联合推动效应为基础的。正如有研究指出,政府对企业的各种支持,其初衷有可能并不是单纯地推动企业商业模式实践,而是通过完善和强化企业的资源和能力,为企业的商业模式实施提供有利的资源基础和良好的发展环境(曾萍等,2016)。

同时也应看到,关于政府支持是否真正给制造企业商业模式带来实质影响亦是引发了诸多的讨论。研究认为,政府支持对企业商业模式的影响会在支持规模上存在着阈值,也就是说,政府支持的规模过大或过小都会给企业带来不利影响。虽然也有研究指出二者关系还会受到其他因素的影响,但不可否认的是,这反映了政府支持与商业模式之间可能存在非线性关系(姚东旻、朱泳奕,2019)。究其原因,这或许与企业创新类型、内部资源基础、战略导向以及所处行业有着很大的关系,导致政府支持"指引促进"的初衷在落实时出现"锦上添花"的效果(姚东旻、朱泳奕,2019)。这也意味着不应忽视政府支持在影响智能制造企业商业模式的过程中来自其他因素的"化学"作用。

4.3.6 顾客需求不确定性

1. 顾客需求不确定性

商业模式的形成和实施并非企业内部的孤立活动,外部环境无疑是影响其形成和变革的重要条件(Zott,Amit,2017)。商业模式的实施是企业与其利益相关者、外部环境共同演进的过程,商业模式调整的主要动因在于企业要适应外部环境(Amit,Zott,2015)。在诸多的环境因素中,顾客需求是重要的情境因素,也是驱动商业模式设计和变革的重要外部因素。相应地,顾客需求不确定性是企业不得不面对的主要外部风险。在当前的环境下,随着居民收入水平的不断提高和消费升级,顾客主义已成为时代发展的必然趋势,顾客需求的个性化、定制化呈现上升趋势,产品和服务的生命周期缩短,如何应对顾客需求的不确定性,及时满足顾客的个性化需求成为企业能否在激烈的市场竞争中脱颖而出的关键(陈春花等,2019)。

当前,智能制造企业面临不稳定、不确定、复杂和模糊的外部环境,顾客需求不确定性已成为企业经营环境的常态。而对传统制造企业来说,随着顾客需求不确定性的增加,囿于企业的信息处理能力和信息处理需求的脱节,企业难以及时捕获顾客需求的变化,从而无法有效应对这类外部风险(陈金亮等,2021)。较传统制造企业不同的是,智能制造企业大多已积极开展数字化、智能化的规划和布局,积极拥抱新兴数字技术并努力将其融入和应用于各项业务流程和价值创造活动。因此,智能制造企业能够及时捕捉顾客需求的变化。例如,通过大数据等手段及时获取与顾客相关的数据,对顾客进行画像和分析,从而有效预测顾客需求的动向(肖静华、李文韬,2020)。

2. 顾客需求不确定性和智能制造企业商业模式

顾客需求不确定性是影响商业模式形成的重要情境因素,可以说这是学界广泛达成的共识(Martins et al.,2015;郭海、沈睿,2012)。然而,关于顾客需求不确定性会给企业商业模式带来怎样的影响,学界观点尚未达成一致,甚至出现了两种针锋相对的观点。一种观点认为顾客需求不断变化的同时也蕴藏着潜在的新的商业机会。对那些具备敏锐洞察力的企业来说,它们更愿意在这种需求不确定的环境下不断进行尝试并付出努力,满足顾客未被满足的需求,这就为拓展商业模式的内容提供了可能(翟淑萍等,2015)。这样的环境有助于商业模式的调整和优化,尤其是对已有的商业模式结构和治理方式或机制进行重新审视,以更好地适应动态变化的市场环境(Andries et al.,2013;Snihur,Zott,2020)。从这个意义上来说,顾客需求不确定性对商业模式的内容、结构及治理的调整、变革有着积极的影响。另一种观点则认为,顾客需求不确定性的增加,将会给企业带来现有产品和服务无法匹配的顾客需求变化的问题,即供需不平衡,收益和回报有可能无法与此前的人力、研发等方面的投入对等,从而给企业带来潜在的经营风险甚至是巨大的债务危机。因此,当顾客需求不确定性较高时,企业往往采取稳健的方式应对,或者延迟商业模式的调整或变革,尤其是在缺乏动态能力时,企业更不愿意冒险追求商业模式的变革(郭海、沈睿,2012;戴亦兰、张卫国,2018)。

上述两种不同的观点表明了顾客需求不确定性对商业模式的影响有可能并非线性,而是与企业内部因素,尤其是高管团队的人格、感知能力等有关(吴晓波等,2019),但现有研究大多是将顾客需求不确定性设为调节变量或控制变量进行处理(杨特等,2018),缺乏关于顾客需求不确定性与其他因素对商业模式的综合作用的讨论。一方面,大多数智能制造企业都经历过或正在经历数字化转型,与初创企业不同,这些智能制造企业本身的刚性以及组织惯例更强，使智能制造企业商业模式有可能在面临顾客需求的动态变化时缺乏敏感性，从而难以捕捉新的商业机会。另一方面，智能制造企业较传统制造企业数字化水平高，应用数字技术的观念要强，从而也可能帮助企业克服短板以有效应对顾客需求不确定性（陈金亮等，2021）。

4.3.7 理论模型构建

受制于上述六个影响因素之间错综复杂的关系，和已有研究缺乏对智能制造企业商业模式的组态分析，上文只能分别讨论六个影响因素与商业模式的直接关系。从集合论视角来看，这六个直接关系只是上述六个影响因素所能形成的所有组态集合的一个子集。此外，学术界当前正在经历由权变范式向组态范式的转型（杜运周、贾良定，2017），而现有研究也少有从组态视角出发对上述关系展开深入的分析，这恰恰也是本书采用定性比较分析法展开深层次探索的动机。与此同时，本书在影响因素的数量选择方面，既考虑了理论解释的全面性，也遵循了运用定性比较分析方法的建议（杜运周、贾良定，2017；张明、杜运周，2019）。因此，本书尝试采用组态范式，运用定性比较分析法揭示不同类型智能制造企业商业模式形成的因果复杂性。基于此，本书构建了智能制造企业商业模式前因组态理论模型（见图4-2）。

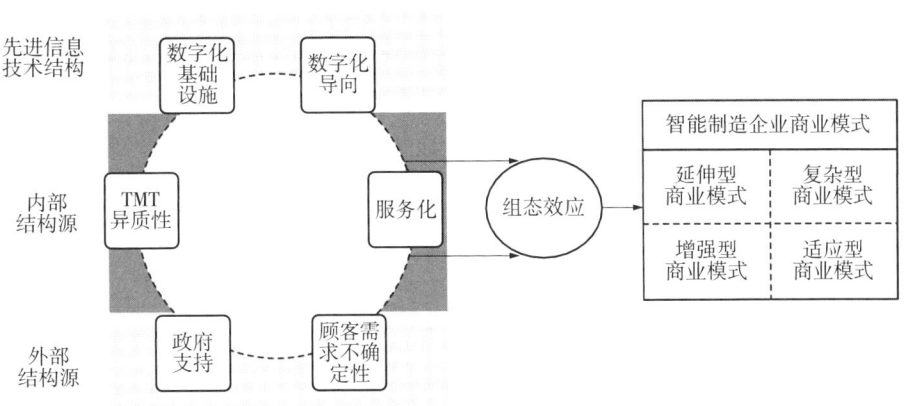

图4-2 智能制造企业商业模式前因组态理论模型

第5章 智能制造企业商业模式前因组态实证分析

前文章节中提炼了影响智能制造企业商业模式的六个因素,本章旨在综合采用模糊集定性比较分析(fsQCA)和 NCA 相结合的方法分析和揭示形成智能制造企业商业模式的前因组态,在这个基础上对每种组态下的代表企业结合案例资料展开阐述,深化各组态的理论内涵和对企业实践的指导意义。最后,本章对研究方法的稳健性进行了检验,以确保分析结果的稳健。

5.1 研究设计与方法

5.1.1 fsQCA 与 NCA 的混合使用

本书旨在研究智能制造企业商业模式多个前因共同作用带来的影响。在组织管理研究领域,由于特定结果形成的前因往往是多重并发的,因此各前因之间彼此依赖和相互作用共同产生结果(杜运周、贾良定,2017)。在控制相关变量基础上检验单个自变量对因变量影响的传统研究,难以有效揭示各自变量之间的相互作用等较为复杂的因果关系。因此,本书采用定性比较分析(QCA)方法,将研究对象视为多个条件(变量)不同组合方式的组态,深入揭示形成不同类型智能制造企业商业模式的前因组态。鉴于采用的是二手数据,从数据类型的角度考虑,本书具体采用模糊集定性比较分析方法,即 fsQCA 方法。需要说明的是,在术语表达方面,使用 QCA 过程中,通常将传统的影响因素称为"条件",将"因变量"称为"结果"。当然,QCA 所要分析的"结果"与传统上的"因变量"存在着内涵上的差异(杜运周、贾良定,2017)。

与此同时,鉴于必要与充分作为两种不同的因果关系解释,必要条件因果关系指的是某一前因不存在时结果不会发生,而充分条件因果关系指的是前因能够充分地导致结果。尤其是，本书在前面章节里从服务化、数字化两个方面将智能制造企业商业模式进行了理论分类，而且在阐述影响智能制造企业商业模式的因素时也涉及了与服务化和数字化相关的因素，而这些因素是否构成智能制造企业商业模式形成的必要条件还有待深入分析。对此，为更好地剖析形成智能制造企业商业模式的必要和充分因果关系，本书在采用QCA的基础上新增必要条件分析的新方法NCA（Dul et al.，2020），有助于与QCA研究方法互补。这是因为，尽管fsQCA能够分析必要关系，但只能从定性的角度识别出某一条件对结果而言是否必要，而无法在定量上进行具体描述，无法细致刻画某一条件在多大程度上才是特定结果的必要条件。尤其是在采用fsQCA方法的过程中，条件与结果的变化还包括具体的隶属分数，而NCA恰好与fsQCA形成互补。本书首先用NCA分析和检验所提炼的六个条件（影响因素）中是否有形成智能制造企业商业模式的必要条件，如果有，将在何种水平上体现。在这个基础上再采用fsQCA进行相应的分析和稳健性检验。

综上，本书采用QCA与NCA混合使用的方法对本书样本数据展开更为细致的分析，其中，NCA的必要条件分析通过运行软件R 4.1.1实现，而QCA相关分析通过软件fsQCA 3.0实现。

5.1.2 样本的选择与数据来源

由于本书的研究对象为智能制造企业，选择样本时主要是对符合智能制造特征的企业进行遴选。搜集了现有学术研究、国家相关部委等认可的智能制造企业名录，同时考虑数据的可获得性，将遴选后的智能制造企业名录与A股上市公司制造企业名单进行匹配从而获得初步的分析样本。在智能制造企业名录的选择方面，广泛参考了已有研究成果和政府部门公布的名录，包括如下三个方面：①参考了华中科技大学张金隆教授团队编制的《中国智能制造百强发展趋势白皮书》企业名录，该名录以主业是制造业和使用人工智能等先进技术为筛选标准，从探究能力、利用能力两个方面确定了中国智能制造企业百强名单（吴珊等，2020）；②参考了由工业和信息化部推动并颁布的智能制造试点示范项目详细名单，该活动于2015—2018年连续开展了4年，其意义在于遴选智能制造标杆企业，在此基础上不断总结成功经验和典型模式，以期在相关行业进行复制和推广。从地理分布来看，这些示范项目广泛分布在全国31个省（区、市），但主要分布在长三角地区和珠三角地区。

进一步地，搜集 2015—2019 年各省级智能制造试点示范企业（含标杆示范企业）。鉴于各省的情况不一致，以各省工业和信息化厅官网公布的名单为准。③智能制造是两化融合的重要切入点和主攻方向，也是两化融合的集中体现，这已成为业界共识和企业的主攻行动。对此，本书参考了国家和各省级政府公布的 2014—2018 年两化融合管理体系贯标试点企业名单。上述来源企业名录累计收录企业 3111 家。

综合上述三个参考来源的企业名单与 A 股上市公司制造企业名录进行匹配，获得智能制造上市企业 651 家。由于 fsQCA 在处理面板数据时在一致性和覆盖度方面可能出现不准确的情况（Castro，Ariño，2016），鉴于对样本企业的代表性以及数据的完整性和可能偏误等方面的考虑，本书选取 2016—2018 年的数据，并取三年的平均值作为截面数据进行分析。因此，剔除 2018 年之后上市的样本企业，去除 ST、*ST 和缺失值较多的企业，最终获得有效企业样本共 415 家（见表 5-1）。

表 5-1 样本行业分布情况

序号	行业名称	案例数	占比/%
1	计算机、通信和其他电子设备制造业	71	17.108
2	专用设备制造业	49	11.807
3	电气机械及器材制造业	44	10.602
4	医药制造业	37	8.916
5	汽车制造业	35	8.434
6	通用设备制造业	27	6.506
7	化学原料及化学制品制造业	27	6.506
8	非金属矿物制品业	13	3.133
9	黑色金属冶炼及压延加工业	11	2.651
10	橡胶和塑料制品业	11	2.651
11	酒、饮料和精制茶制造业	11	2.651
12	有色金属冶炼及压延加工业	10	2.41
13	仪器仪表制造业	9	2.169
14	农副食品加工业	8	1.928
15	铁路、船舶、航空航天和其他运输设备制造业	7	1.687

续表

序号	行业名称	案例数	占比/%
16	家具制造业	7	1.687
17	食品制造业	7	1.687
18	金属制品业	6	1.446
19	造纸及纸制品业	6	1.446
20	纺织服装、服饰业及纺织业	5	1.205
21	化学纤维制造业	4	0.964
22	印刷和记录媒介复制业	2	0.482
23	其他	8	1.928
	合计	415	100

注："其他"包括石油加工、炼焦及核燃料加工业、有色金属矿采选业、文教、工美、体育和娱乐用品制造业等制造行业。

本书样本企业的遴选过程，符合QCA分析方法强调案例的理论抽样的常规做法（杜运周、贾良定，2017；张明、杜运周，2019）。本书对商业模式及大部分"条件"的数据搜集综合使用了CSMAR、同花顺、CCER等主流数据库，考虑到当前主流数据库在部分指标数据上仍然有缺失现象，将所有数据结合巨潮资讯网各上市公司年报进行了数据核实和完善，以力求数据完整和准确。数字化导向通过Wingo财经文本数据平台进行文本分析获得。案例企业依据《国民经济行业分类》（GB/T 4754—2017）的标准进行行业分类。从分布情况来看，排名前五的行业分别是计算机、通信和其他电子设备制造业（17.108%），专用设备制造业（11.807%），电气机械及器材制造业（10.602%），医药制造业（8.916%），汽车制造业（8.434%）。

从案例企业的地域分布来看，样本企业共分布在全国30个省（区、市）。排名前5的省（区、市）分别是：广东省（20.964%）、江苏省（14.458%）、浙江省（8.916%）、山东省（6.265%）以及北京市（6.024%）（见表5-2）。这与我国智能制造企业以长三角、珠三角及京津冀三大地区为主要集聚地的分布特征大致吻合[①]。

[①] 亿欧智库：《2019中国智能制造研究报告》。

表 5-2 样本地域分布情况

序号	所属省(区、市)	企业数量/家	占比/%	序号	所属省(区、市)	企业数量/家	占比/%
1	广东省	87	20.964	16	陕西省	6	1.446
2	江苏省	60	14.458	17	广西壮族自治区	5	1.205
3	浙江省	37	8.916	18	黑龙江省	5	1.205
4	山东省	26	6.265	19	天津市	5	1.205
5	北京市	25	6.024	20	新疆维吾尔自治区	5	1.205
6	福建省	19	4.578	21	内蒙古自治区	4	0.964
7	安徽省	16	3.855	22	云南省	4	0.964
8	湖北省	16	3.855	23	重庆市	4	0.964
9	江西省	15	3.614	24	甘肃省	3	0.723
10	上海市	15	3.614	25	贵州省	3	0.723
11	辽宁省	11	2.651	26	吉林省	3	0.723
12	四川省	10	2.410	27	山西省	3	0.723
13	河北省	8	1.928	28	青海省	2	0.482
14	湖南省	8	1.928	29	西藏自治区	2	0.482
15	河南省	7	1.687	30	海南省	1	0.241
					合计	415	100

5.2 结果与条件的测量和校准

5.2.1 结果与条件的测量

（1）商业模式（BM）。本书参考了活动系统视角关于商业模式的概念和相关测量（Amit, Zott, 2001; Zott, Amit, 2010），该视角把商业模式界定为跨界且相互独立的活动系统，商业模式架构包括内容、结构及治理三个方面。其中，商业模式内容主要是指交易中的商品、信息以及支撑交易的资源和能力；商业模式结构是指参与交易的各个主体以及连接这些主体的方式；而商业模式治理则主要是指交易过程中的信息流、资源和商品被参与主体支配或管理的方式，也指对各交易主体的激励措施，或者说治理就是关于谁负责某项具体活动的控制问题（Zott, Amit, 2010）。在具体的测量过程中，商业模式内容、结构参考叶珍、邓新明等人（2020）的研究，商业模式内容从关键业务方面进行测量，商业模式结构从利益相关者的集中度进行考虑，集中度主要包括客户、供应商两个主体的集中度。活动系统视角下的商业模式以核心企业为主导（Amit，Zott，2001；Zott，Amit，2010），商业模式治理参考翟淑萍、赵凤等人的研究，从高管持股情况和两职兼任两个方面进行测量。由于商业模式的内容、结构、治理都是商业模式架构的一部分，因此将三个方面进行加权取平均值以测量商业模式。

需要说明的是，由前文的理论分类可知，智能制造企业商业模式具有"一体四型"特征，四种类型的商业模式只是在服务化、数字化水平这两个维度上的细分。本书并不采取剥离的方式单独分析四种类型商业模式的前因组态，而是充分利用 fsQCA 方法能够形成经验分类的优势，根据各组态构型特点识别形成不同类型商业模式的组态，从而致力于实现理论分类与经验分类的呼应与互补（Meyer et al.，1993）。

（2）数字化基础设施（DIG）。参考 Park 等人（2020）的研究，从数字化投资强度进行测量。具体而言，从企业固定资产中提取与数字化相关的资产（如电子设备、通信设备等）和从无形资产中提取与数字化相关的软件资产（如软件、网络、信息系统、平台等），这些能够集中反映智能制造企业数字化基础水平状况。将二者进行求和并与公司员工数进行相除，得到企业在数字化基础设施方面的投入值，表征数字化基础设施的水平或完善程度。

（3）数字化导向（DO）。参考 Kindermann 等人（2020）的研究，从数字技术范围、数字化能力、数字化生态系统协调、数字化架构配置四个方面，分别计算各维度涉及的关键词在年报 MD&A 章节中的词频比例。在关键词选取方面，基于 Kindermann 等人（2020）所给定的词汇，本书充分结合智能制造的现实情境和年报内容的特点，在相应的维度方面增加关于智能制造方面的词汇，如在数字化能力方面增添智能制造、工业大数据等与本书情境密切关联的关键词，在数字化生态系统协调维度方面增加工业互联网平台、智能制造中心、MES 系统、PaaS 等词汇（具体见附录1）。将上述四个维度的词汇在年报 MD&A 章节中出现的词频与 MD&A 章节词汇总数进行相除，把所占比进行加总作为数字化导向的测量，值越大，表示数字化导向越强。

（4）高管团队异质性（TMT）。参考已有成熟研究（张明等，2020），用高管团队异质性来映射高管团队的支持活动。通过高管团队成员在年龄、性别、教育水平和职能背景四个人口统计学特征上的差异程度来进行测量。首先,将高层管理团队(TMT)成员限定为董事长、总经理、副总经理、副总裁、总会计师/财务总监。其次,通过高管团队成员在年龄、性别(男为1,女为0)、教育水平和职能背景四个人口统计学特征上的差异程度来测量TMT异质性,对年龄、性别以及教育水平这三个方面的异质性采用标准差系数来测量。具体而言,教育水平按照如下标准进行编码:1 = 中专及中专以下,2 = 大专,3 = 本科,4 = 硕士,5 = 博士。年龄采用分段赋值形式处理:30岁及以下设为1,31~40岁设为2,41~50岁设为3,51~60岁设为4,61岁及以上设为5。在职能背景方面按照如下标准进行分类:①生产、研发和设计;②人力资源、管理和市场;③金融、财务、法律和其他。需要说明的是,由于很多高管职能存在多个背景的现象,因此参照邓新明等人的做法,将多个职能背景进行拆分,视为一个单独变量进行计算。在这个基础上,采用Blau分类指数计算TMT的职能背景异质性,即公式为:$Blau's\ Categorical\ Index = 1 - \sum p^2_{ijt}$,公式中 p_{ijt} 是指 j 企业第 t 年中高管团队 i 类成员所占比例,该指数的取值范围为[0,1]。最后,将上述四个指标标准化后取平均值获得TMT异质性,值越大,表明获得的高管团队成员的支持力度越大。

(5)服务化(SER)。虽然学术界和业界对制造企业服务化转型的呼吁由来已久,但依然存在相当数量的制造企业在服务化实践中停留在"打酱油"的状态(肖挺,2019)。对此,本书参考现有做法(Visnjic et al.,2019),采取虚拟变量进行处理,在企业年报的主营业务收入中标注有服务化业务的企业为1,没有则为0。在具体的服务明细方面,根据《国民经济行业分类》(GB/T 4754—2011)中关于服务行业的划分,将与主营业务相关的生产性服务分为技术支持(如维修、保养、安装与检测等)、咨询服务、培训、租赁、研发与信息服务、物流、销售、金融八大类。

(6)政府支持(GOV)。参考王克敏等人(2017)的测量,从政府补贴力度方面进行考虑,具体为用政府补贴额与销售收入相除的值来表示政府支持力度,值越大表明政府的支持力度越大。

(7)顾客需求不确定性(CDU)。借鉴李倩、焦豪(2021)的做法,选择系统风险数据 β 系数来反映智能制造企业顾客需求具有不确定性的程度。β 系数是一种用于评估证券系统性风险的指标,能够反映某种证券或投资证券组合相对总体市场的波动性,也是公司股价变动数可被整体市场变异解释的部分,体现市场的变动性和不确定性,其计算公式为 $\beta_a = \dfrac{Cov(\gamma_a, \gamma_m)}{\sigma_m^2}$。其中，Cov（$\gamma_a$，$\gamma_m$）是证券的收益与市场收益的协方差，$\sigma_m^2$是市场收益的方差。$\beta$系数越大，说明顾客需求具有不确定性的程度越高，企业在市场中面临的风险越大（见表5-3）。

表5-3 条件与结果的测量

条件与结果	指标	指标说明	参考文献
商业模式（BM）	商业模式内容	从关键业务（各产品分布的行业销售收入占总营收的比重的平方和）进行测量	邓新明等，2020
	商业模式结构	由客户集中度（前五大客户销售额占总销售额比例）、供应商集中度（前五大供应商采购额占总采购额比例）两个方面构成	叶珍、邓新明，2020
	商业模式治理	从高管持股和两职兼任两个方面进行测量，采用虚拟变量进行分别赋值，高管持股则为1，否为0，董事长与总经理两职兼任则为1，否为0	赵凤等，2016；翟淑萍等，2015
数字化基础设施（DIG）	数字化水平	数字化投资（包括软、硬件设施）与员工人数相除	Park et al.，2020
数字化导向（DO）	数字化导向	包括数字技术范围、数字化能力、数字化生态系统协调、数字化架构配置四个方面，分别计算各维度涉及关键词在年报MD&A章节中的词频比例，再进行加权取平均值	Kindermann et al.，2020
高管团队异质性（TMT）	高管团队异质性	用年龄、性别、教育水平和职能背景四个人口统计学特征上的差异程度来测量	张明等，2020
服务化（SER）	是否有服务化	用虚拟变量进行处理，有服务业务收入赋值为1，否为0	Visnjic et al.，2019
政府支持（GOV）	政府补贴力度	政府补贴额与销售收入相除	王克敏等，2017
顾客需求不确定性（CDU）	顾客需求不确定性	用系统风险系数反映	李倩、焦豪，2021

5.2.2 结果与条件的校准

首先对结果与条件进行描述性统计和分析。由表5-4可知，结果与各条件均不存在缺失值。在校准方面，参考现有研究，采用直接校准法对结果和条件进行校准，使用逻辑函数将原始数据转换形成在1（完全隶属）、0.5（交叉点）和0（完全不隶属）三个定性锚点间的分布（Fiss，2011；Ragin，2014）。fsQCA校准过程中倡导充分考虑理论研究和实践经验情况，而对于缺乏相关理论依据或实践参考的情况，通常采用数据的客观分位数值进行锚点确定，这也是QCA研究中主流的做法。由于本书属于大样本，给案例的熟悉程度和校准都带来挑战。鉴于此，本书综合考虑了理论与实践及数据分布特点，对结果和各条件针对性地进行校准。除二分类条件（服务化）之外，本书采用了三种不同的校准方式，这种校准方式也见于部分主流文献（Park et al.，2020）。表5-4给出了结果与条件的描述性统计结果。具体而言，数字化基础设施部分参考Park等人的研究，按照上四分位数、中位数以及下四分位数进行校准。高管团队异质性部分参考张明等人的校准方法，从90%、50%、10%进行校准，采用这一校准方法的还有商业模式及其各维度。需要说明的是，商业模式治理校准过程中发现其中位数的点恰好为0.500，为避免出现案例不被纳入分析的情况，结合样本的分布情况，样本在区间[50%，65%）的值均是0.500，参照现有研究的一般做法，本书适当对其校准方式进行了调整，将50%提高至65%，其交叉点由0.500变为0.610。政府支持部分参考张玉磊等人的做法，采用样本数据的上四分位数、下四分位数和中位数进行校准。其余部分与政府支持部分一致，均采用此标准进行校准，即75%、50%，以及25%的分位值作为完全隶属、交叉点、完全不隶属的三个定性锚点，各锚点的值见表5-5。

表5-4 结果与条件的描述性统计

条件与结果	均值	标准差	最小值	最大值	案例数
商业模式（BM）	0.543	0.136	0.206	0.91	415
商业模式内容（BMC）	0.802	0.218	0.23	1.000	415
商业模式结构（BMS）	0.289	0.140	0.066	0.734	415

续表

条件与结果	均值	标准差	最小值	最大值	案例数
商业模式治理（BMG）	0.537	0.313	0.000	1.000	415
数字化基础设施（DIG）	0.816	1.289	0.000	16.201	415
数字化导向（DO）	0.019	0.027	0.000	0.267	415
高管团队异质性（TMT）	0.362	0.078	0.093	0.511	415
服务化（SER）	0.687	0.464	0.000	1.000	415
政府支持（GOV）	0.015	0.032	0.000	0.515	415
顾客需求不确定性（CDU）	1.063	0.238	0.084	2.63	415

表5-5　结果与条件的校准

集合	完全隶属	交叉点	完全不隶属	校准方式
商业模式（BM）	0.721	0.546	0.363	90/50/10
商业模式内容（BMC）	1.000	0.907	0.460	90/50/10
商业模式结构（BMS）	0.465	0.271	0.121	90/50/10
商业模式治理（BMG）	1.000	0.610	0.000	90/65/10
数字化基础设施（DIG）	0.968	0.478	0.181	75/50/25
数字化导向（DO）	0.021	0.011	0.006	75/50/25
高管团队异质性（TMT）	0.458	0.371	0.210	90/50/10
服务化（SER）	1.000	—	0.000	0、1变量
政府支持（GOV）	0.015	0.009	0.004	75/50/25
顾客需求不确定性（CDU）	1.190	1.069	0.935	75/50/25

5.3 实证结果与分析

5.3.1 单个条件的必要性分析

本书综合使用 NCA 和 fsQCA 两种方法检验结果和各条件的必要条件。本书首先通过 NCA 来识别特定条件是否是结果的必要条件，主要通过观察效应量（effect size）和蒙特卡洛仿真置换检验两个指标的值是否达到显著水平来进行判断（Dul et al., 2020）。效应量在 NCA 中也称瓶颈水平，表示引起特定结果需要必要条件的最低水平。效应量取值在 0～1，值越大则效应越大。当效应量不小于 0.1，同时蒙特卡洛仿真置换检验显著，也即是 p 值显著，此时该条件为产生结果的必要条件（Dul et al., 2020）。

NCA 方法可以处理的变量类型包括连续变量和离散变量。当条件（影响因素）和结果都是连续型变量或离散型变量且有 5 个及以上水平时，则使用上限回归（ceiling regression，CR）生成上限函数。当条件和结果是二分类变量或少于 5 级的离散型变量时，则使用上限包络分析（ceiling envelopment，CE）生成函数。相关函数生成的同时也就获得了相应的效应量。表 5-6、表 5-7 汇报了 NCA 分析结果，包括 CR 和 CE 两种不同估计方法获得的效应量。

以表 5-6 为例，数据分析结果显示，在商业模式方面，虽然数字化基础设施、政府支持显著，但其效应量都小于 0.1，则这些条件并不是形成智能制造企业商业模式的必要条件。同理，数字化导向（$p=0.711$）、高管团队异质性（$p=0.501$）、服务化（$p=1.000$）、顾客需求不确定性（$p=1.000$）的检验不显著，即这些条件都不是形成智能制造企业商业模式的必要条件。表 5-8、表 5-9 进一步报告了商业模式及其各维度的瓶颈分析结果。瓶颈水平指的是实现结果最大观测范围的特定水平时前因条件最大观测范围内所需要达到的水平值（Dul et al., 2020）。例如，表 5-8 显示要达到 60% 水平的智能制造企业商业模式，需要 1.2% 水平的高管团队异质性、1.5% 水平的政府支持，而其他四个条件均不存在瓶颈水平。

表 5－6 NCA 必要性条件分析（1）

前因条件[a]	方法	商业模式					商业模式内容				
		精确度	上线区域	范围	效应量[b]	p 值[c]	精确度	上线区域	范围	效应量[b]	p 值[c]
数字化基础设施（DIG）	CR	98.8%	0.005	0.990	0.005	0.013	100%	0.000	0.93	0.000	1.000
	CE	100%	0.006	0.990	0.006	0.028	100%	0.000	0.93	0.000	1.000
数字化导向（DO）	CR	100%	0.000	1.000	0.000	0.711	100%	0.000	0.94	0.000	1.000
	CE	100%	0.000	1.000	0.000	0.711	100%	0.000	0.94	0.000	1.000
高管团队异质性（TMT）	CR	99%	0.009	0.980	0.009	0.527	100%	0.005	0.92	0.005	0.267
	CE	100%	0.012	0.980	0.012	0.293	100%	0.009	0.92	0.010	0.175
服务化（SER）	CR	100%	0.000	1.000	0.000	1.000	100%	0.000	0.94	0.000	1.000
	CE	100%	0.000	1.000	0.000	1.000	100%	0.000	0.94	0.000	1.000
政府支持（GOV）	CR	92.3%	0.013	1.000	0.013	0.074	100%	0.004	0.94	0.005	0.035
	CE	100%	0.011	1.000	0.011	0.023	100%	0.009	0.94	0.009	0.035
顾客需求不确定性（CDU）	CR	100%	0.000	1.000	0.000	1.000	100%	0.000	0.94	0.000	1.000
	CE	100%	0.000	1.000	0.000	1.000	100%	0.000	0.94	0.000	1.000

注：a. 校准后模糊集隶属度值。b. $0.0 \leq d < 0.1$：" 低水平 "；$0.1 \leq d < 0.3$：" 中等水平 "。c. NCA 分析中的置换检验（permutation test，重抽次数 = 10000）。

表 5-7 NCA 必要性条件分析（2）

前因条件[a]	方法	商业模式结构					商业模式治理				
		精确度	上线区域	范围	效应量[b]	p值[c]	精确度	上线区域	范围	效应量[b]	p值[c]
数字化基础设施（DIG）	CR	100%	0.000	0.970	0.000	1.000	100%	0.000	0.890	0.000	1.000
	CE	100%	0.000	0.970	0.000	1.000	100%	0.000	0.890	0.000	1.000
数字化导向（DO）	CR	100%	0.000	0.980	0.000	1.000	100%	0.000	0.900	0.000	1.000
	CE	100%	0.000	0.980	0.000	1.000	100%	0.000	0.900	0.000	1.000
高管团队异质性（TMT）	CR	98.3%	0.007	0.960	0.007	0.501	100%	0.006	0.880	0.007	0.299
	CE	100%	0.005	0.960	0.005	0.677	100%	0.012	0.880	0.013	0.236
服务化（SER）	CR	100%	0.000	0.980	0.000	1.000	100%	0.000	0.900	0.000	1.000
	CE	100%	0.000	0.980	0.000	1.000	100%	0.000	0.900	0.000	1.000
政府支持（GOV）	CR	100%	0.005	0.980	0.005	0.102	100%	0.004	0.900	0.004	0.055
	CE	100%	0.001	0.980	0.001	0.015	100%	0.007	0.900	0.008	0.055
顾客需求不确定性（CDU）	CR	100%	0.000	0.980	0.000	1.000	100%	0.000	0.900	0.000	1.000
	CE	100%	0.000	0.980	0.000	1.000	100%	0.000	0.900	0.000	1.000

注：a. 校准后模糊集隶属度值。b. $0.0 \leq d < 0.1$："低水平"；$0.1 \leq d < 0.3$："中等水平"。c. NCA 分析中的置换检验（permutation test，重抽次数=10000）。

表5-8 NCA方法瓶颈水平（%）分析结果（1） a

商业模式	数字化基础设施	数字化导向	高管团队异质性	服务化	政府支持	顾客需求不确定性	商业模式内容	数字化基础设施	数字化导向	高管团队异质性	服务化	政府支持	顾客需求不确定性
0	NN	NN	NN	NN	NN	NN	0	NN	NN	NN	NN	NN	NN
10	NN	NN	NN	NN	NN	NN	10	NN	NN	0.0	NN	0.0	NN
20	NN	NN	NN	NN	NN	NN	20	NN	NN	0.2	NN	0.1	NN
30	NN	NN	0.0	NN	NN	NN	30	NN	NN	0.3	NN	0.2	NN
40	NN	NN	0.4	NN	0.1	NN	40	NN	NN	0.4	NN	0.4	NN
50	NN	NN	0.8	NN	0.8	NN	50	NN	NN	0.5	NN	0.5	NN
60	NN	NN	1.2	NN	1.5	NN	60	NN	NN	0.6	NN	0.6	NN
70	NN	NN	1.5	NN	2.2	NN	70	NN	NN	0.7	NN	0.7	NN
80	NN	NN	1.9	NN	2.9	NN	80	NN	NN	0.8	NN	0.8	NN
90	NN	NN	2.3	NN	3.6	NN	90	NN	NN	0.9	NN	0.9	NN
100	47.4	1.0	2.6	NN	4.4	NN	100	NN	NN	1.0	NN	1.0	NN

注：a 为 CR 方法，NN = 不必要。

表 5-9 NCA 方法瓶颈水平（%）分析结果（2）a

商业模式结构	数字化基础设施	数字化导向	高管团队异质性	服务化	政府支持	顾客需求不确定性	商业模式治理	数字化基础设施	数字化导向	高管团队异质性	服务化	政府支持	顾客需求不确定性
0	NN	NN	NN	NN	NN	NN	0	NN	NN	NN	NN	NN	NN
10	NN	NN	NN	NN	0.0	NN	10	NN	NN	NN	NN	NN	NN
20	NN	NN	NN	NN	0.2	NN	20	NN	NN	NN	NN	0.0	NN
30	NN	NN	NN	NN	0.3	NN	30	NN	NN	NN	NN	0.2	NN
40	NN	NN	NN	NN	0.4	NN	40	NN	NN	0.1	NN	0.3	NN
50	NN	NN	NN	NN	0.5	NN	50	NN	NN	0.5	NN	0.4	NN
60	NN	NN	NN	NN	0.6	NN	60	NN	NN	0.8	NN	0.5	NN
70	NN	NN	NN	NN	0.7	NN	70	NN	NN	1.1	NN	0.6	NN
80	NN	NN	NN	NN	0.8	NN	80	NN	NN	1.4	NN	0.8	NN
90	NN	NN	2.2	NN	0.9	NN	90	NN	NN	1.7	NN	0.9	NN
100	NN	NN	11.3	NN	1.0	NN	100	NN	NN	2.0	NN	1.0	NN

注：a 为 CR 方法，NN = 不必要。

本书进一步采用 fsQCA 3.0 软件对单个条件的必要性进行检验。从表 5-10 中结果可知，所有条件的一致性水平均低于 0.9 这一临界值（Ragin，2014）。这表明这些条件无法成为形成智能制造企业商业模式的必要条件，结论与 NCA 分析结果一致。

表 5-10 单个条件必要性分析

条件	商业模式		商业模式内容		商业模式结构		商业模式治理	
	一致性	覆盖度	一致性	覆盖度	一致性	覆盖度	一致性	覆盖度
数字化基础设施	0.569	0.584	0.526	0.573	0.556	0.561	0.601	0.571
~数字化基础设施	0.569	0.553	0.587	0.606	0.580	0.555	0.578	0.521
数字化导向	0.586	0.592	0.542	0.582	0.567	0.564	0.614	0.575
~数字化导向	0.550	0.543	0.573	0.599	0.564	0.548	0.555	0.506
高管团队异质性	0.719	0.673	0.640	0.636	0.665	0.613	0.744	0.645
~高管团队异质性	0.546	0.584	0.565	0.640	0.578	0.608	0.573	0.567
服务化	0.678	0.493	0.588	0.454	0.677	0.484	0.731	0.492
~服务化	0.322	0.512	0.412	0.696	0.323	0.507	0.269	0.397
政府支持	0.573	0.585	0.534	0.579	0.567	0.570	0.605	0.573
~政府支持	0.576	0.562	0.589	0.611	0.583	0.560	0.574	0.519
顾客需求不确定性	0.563	0.560	0.564	0.596	0.567	0.556	0.577	0.532
~顾客需求不确定性	0.584	0.584	0.554	0.588	0.578	0.569	0.599	0.555

注：带符号"~"的条件表示不存在。

5.3.2 条件组态的充分性分析

遵循主流文献做法（杜运周、贾良定，2017；张明、杜运周，2019），原始一致性阈值大致有两种确定方法：一是按照建议值确定，QCA 研究领域可接受的最低阈值有 0.8 或 0.75；二是按照真值表行原始一致性分数所表现出的"天然缺口"来确定。本书在分析商业模式、商业模式结构、商业模式治理的前因组态过程中将原始一致性阈值设定为 0.8，而商业模式内容的前因分析发现 0.859 是"天然缺口"分界点。因此，将其一致性阈值确定为 0.859。与此同时，本书辅以 PRI 值进行观察和判断，PRI 值反映了特定真值表行不是结果的非集子集的程度，值越高意味着越有可能避免出现同属子集关系的问题。然而，学界关于 PRI 值的界定并未形成统一观点。国内一些文献建议值最好在 0.7 以上（杜运周、贾良定，2017），但也有许多文献，包括近年来发表在管理学国际顶刊（如 MISQ）上的文献都指出，PRI 建议值满足 0.5 及以上均可接受（Greckhamer et al.，2018；Pappas，Woodside，2021；Park，Mithas，2020）。考虑到本书的分析情况，本书将 PRI 一致性阈值设置为 0.58，案例频数阈值设定为 3。由于缺乏前因条件影响结果确切方向的证据和理论，本书在开展反事实分析时，假设单个条件出现与否均可贡献形成智能制造企业商业模式。通过中间解与简约解的嵌套关系对比来识别每种组态的核心条件。按照 QCA 的分析逻辑，在中间解和简约解中同时出现的条件为核心条件，只在中间解中出现的条件为边缘条件。表 5-11 为形成智能制造企业商业模式的前因组态结果。根据主流研究的符号展示标准，黑色实心圆代表条件存在，含叉圆代表条件缺席，空格表示条件可出现亦可不出现。进一步而言，大圆表示核心条件，而小圆则表示辅助条件（Ragin，2014）。从具体结果来看，智能制造企业商业模式的前因组态共有 5 个。所有组态的一致性值均超过了建议值 0.75（张明、杜运周，2019）。

表 5-11 形成智能制造企业商业模式的前因组态

条件	M1	M2	M3	M4	M5
数字化基础设施（DIG）		●	⊗	⊗	●
数字化导向（DO）	⊗	●	●	●	●
高管团队异质性（TMT）	●	●	●	●	⊗
服务化（SER）	⊗	●		⊗	⊗
政府支持（GOV）	⊗		⊗	⊗	
顾客需求不确定性（CDU）	⊗	●	⊗	●	●
典型案例数	15	20	9	4	3
一致性	0.857	0.793	0.855	0.855	0.841
原始覆盖度	0.094	0.175	0.083	0.038	0.033
唯一覆盖度	0.078	0.147	0.055	0.018	0.019
总体覆盖度	0.365				
总体一致性	0.819				

注：● = 核心条件存在，⊗ = 核心条件缺席，● = 辅助条件存在，⊗ = 辅助条件缺席，"空格"表示该条件可存在亦可不存在，典型案例指隶属于特定组态的模糊集分数超过 0.5 的案例，下同。

从表 5-11 呈现的数据分析结果来看，解的一致性（solution consistency）为 0.819，这意味着在所有满足这五类组态的智能制造企业案例中，有 81.9% 的案例企业均呈现具有数字化和服务化特征的商业模式。解的覆盖度（solution coverage）为 0.365，这意味着五个组态具有较高的解释力。

从各个组态的具体情况来看，组态 M1 显示，高的高管团队异质性、不高的政府支持、没有服务化、不高的顾客需求不确定性是核心条件，不强的数字化导向则是辅助条件，而数字化基础设施可存在亦可不存在。该组态的一致性为 0.857，为所有组态中一致性最高的。组态 M2 显示，完善的数字化基础设施、强的数字化导向、高的政府支持、高的顾客需求不确定性是核心条件，有服务化则为辅助条件。在该组态中，一致性为五种组态中最低的，为 0.793，但高于 QCA 研究中 0.75 的建议值。与此同时，该组态的唯一覆盖度高达 0.147，这说明近 15% 的案例只有组态 M2 唯一解释。组态 M2 的典型案例最多，达 20 家，这说明组态 M2 代表了样本中智能制造企业最常见的商业模式类型，具有较高的经验代表性。组态 M3 显示其一致性为 0.855，唯一覆盖度为 0.055，在该组态中，不完善的数字化基础设施、强的数字化导向、高的高管团队异质性、不高的政府支持以及高的顾客需求不确定性为核心条件，有服务化为辅助条件。组态 M4 的一致性为 0.855，唯一覆盖度最低，为 0.018。该组态显示，强的数字化导向、高的高管团队异质性、没有服务化为核心条件，不完善的数字化基础设施、不高的政府支持、高的顾客需求不确定性为辅助条件。组态 M5 显示，完善的数字化基础设施、强的数字化导向、没有服务化、高的顾客需求不确定性为核心条件，不高的高管团队异质性、高的政府支持为辅助条件，该组态的一致性为 0.841，唯一覆盖度为 0.019。

通过对比各组态之间的关系，可以发现一些值得探讨的新现象。

（1）替代关系。组态 M3 与组态 M4 在不完善的数字化基础设施、强的数字化导向、高的高管团队异质性、不高的政府支持四个条件上的情况完全一致，只有在服务化和顾客需求不确定性这两个条件方面存在差异。对这两个条件，组态 M3 为有服务化和不高的顾客需求不确定性，组态 M4 为无服务化和高的顾客需求不确定性，也即集合"有服务化和不高的顾客需求不确定性"与集合"没有服务化和高的顾客需求不确定性"构成了替代关系。一般来说，顾客需求不确定性越高，企业面临的行业竞争更为激烈，企业更需要通过实施服务化来提供基于产品或超越产品本身的延伸服务，满足顾客的个性化需求和拓展新的盈利空间（Kowalkowski et al., 2017）。虽然上述的替代关系似乎与现有理论有些不同，但两种组态反映了部分企业发展现状。笔者认为两种组态呈现为不同的策略，组态 M3 代表的企业相较于组态 M4 表现为更加"主动"的策略，在顾客需求不确定性不高的环境下通过开展服务化进一步贴近顾客需求，提升自身的竞争力。而组态 M4 表现为一种"保守"策略，尽管处于顾客需求不确定性高的环境下，但企业一如既往地坚持产品导向，不断提升产品功能和质量，从而也能获得较好的发展。不论采取何种策略，上述两种组态均有助于形成智能制造企业商业模式。此外，关于企业服务化的已有文献也指出，当处于竞争激烈的环境下，企业开展基于产品的主导型服务更有利于企业的发展；而在竞争缓和的环境下，提供面向顾客的服务则有助于企业收获较好的利润回报（Visnjic et al.，2016）。上述的替代关系一定程度上也回应了已有研究结论。

（2）类型生成。QCA 方法本身具备经验分类优势（Ragin，2014；杜运周、贾良定，2017），能够克服和避免分类的主观性和随意性。一方面，上述五种组态中，从是否有服务化的情况来看，组态 M1、M4、M5 属于无服务化的状态，而组态 M2、M3 则属于有服务化的集合。另一方面，在数字化水平方面，本书尽管选择了数字化基础设施和数字化导向两个条件，不过是从数字化基础设施的完善情况来刻画智能制造企业的数字化水平情况，这是因为数字化基础设施包含了与数字化相关的软硬件设施，是支撑企业开展数字化转型与创新的重要基础，决定了企业是否有能力推进智能制造和开展商业模式转型（Nylén，Holmström，2015；Zaki，2019），体现为"能做"的层面。当然，数字化导向并非不重要，它更多地体现为企业在智能制造过程中的战略意向（Kindermann et al.，2020），表征为"想做"的层面。对此，本书将数字化基础设施的完善程度（组态 M2、M5 为完善的数字化基础设施，组态 M3、M4 为不完善的数字化基础设施）作为划分数字化水平的标准。由于组态 M1 中数字化基础设施条件既可出现亦可不出现，结合其数字化导向不高的情况，参考已有做法（Park et al.，2020），本书将组态 M1 纳入数字化基础设施不完善的分类区域。至此，根据上述五种组态的分布，笔者进一步构建了 2×2 的矩阵图（见图 5-1）。可以发现，上述五种组态大致与前面章节对智能制造企业商业模式理论分类框架进行了对应。具体而言，组态 M1、M4 对应于增强型商业模式、组态 M2 对应于复杂型商业模式、组态 M3 对应于延伸型商业模式、组态 M5 对应于适应型商业模式。后文将通过对每种组态的典型案例进行分析，详尽阐述五种组态对促进形成智能制造企业商业模式所具有的解释力。

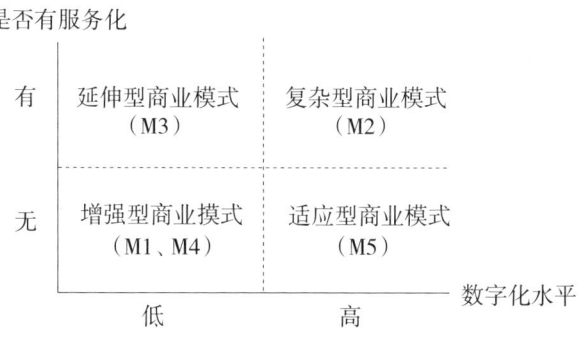

图 5-1 智能制造企业商业模式组态

具体从构型特征来看，属于增强型商业模式的组态有组态 M1、M4。下面是对这两种组态的具体分析。

组态 M1（~数字化导向×高管团队异质性×~政府支持×~服务化×~顾客需求不确定性）中，不强的数字化导向为辅助条件，高的高管团队异质性、高的政府支持、没有服务化、不高的顾客需求不确定性作为核心条件，而数字化基础设施的影响可以忽略不计。从这一组态的情况来看，在其他条件都缺乏的情况下，表征管理者行动的高管团队异质性显得极为重要。顾客需求不确定性不高的环境下，企业处于一个相对稳定成熟的市场，容易对顾客需求进行及时的了解和把握，有可能进一步减少企业由产品主导模式向服务主导模式转变的动力。对外没有获得较高的政府支持也体现了企业受到来自政府的关注度不高。该组态显示数字化导向不强，表明在这样的环境下，企业可能无法一直保持对数字化和新兴技术及其影响的认知，以及前瞻性研判的敏感性，继而导致企业对数字化基础设施的关注度并不高，这从该组态显示数字化基础设施可存在亦可不存在可以看出。综上，在这样"内外交困"的情形下，通过提升高管团队对商业模式的认知程度和推动力，能够帮助智能制造企业形成与企业发展相适宜的商业模式。该组态体现的商业模式没有服务化、数字化水平较低，这种模式可通过高管团队的努力，对已有模式加以强化，鉴于其数字化基础设施可存在可不存在的特点，可以忽略来自数字化基础设施的影响。总体上看，这类组态的特点与增强型商业模式较为接近，笔者将其命名为高管主导增强型商业模式。

属于增强型商业模式的还有组态 M4（~数字化基础设施×数字化导向×高管团队异质性×~政府支持×~服务化×顾客需求不确定性）。该组态显示，不完善的数字化基础设施、不高的政府支持、高的顾客需求不确定性为辅助条件，强的数字化导向、高的高管团队异质性以及没有服务化为核心条件。进一步而言，作为核心条件的服务化在该组态中是不存在的，这说明该组态代表的智能制造企业尚未开展实质性的服务化业务，而该商业模式的形成主要依托强的数字化导向和高的高管团队异质性。与组态 M1 相同的是，该组态也显示出不高的政府支持、没有服务化、数字化基础设施不完善，即也处于没有服务化、数字化水平低的象限。但与组态 M1 不同的是，组态 M4 显示出较高的顾客需求不确定性并以辅助条件的形式存在，也就是说如何应对顾客需求不确定性只是企业应该考虑的方面，不是重点应对的领域。而商业模式的要义在于如何通过实时洞察顾客需求并提供相应的产品和服务予以满足来为企业创造价值。在组态 M4 中，企业虽然面临数字化基础设施不完善的处境，但已经在战略层面开始意识到通过数字化改进已有业务和商业模式的重要性，并将这种认识融入和体现于企业的战略发展规划中，这表明企业在高层思维和战略层面已开始布局数字化以推进和优化智能制造企业商业模式。鉴于该组态的特点，笔者将其命名为数字化领导增强型模式。

符合适应型商业模式的有组态 M5（数字化基础设施×数字化导向×～高管团队异质性×政府支持×～服务化×顾客需求不确定性）。该组态显示，不高的高管团队异质性、高的政府支持作为辅助条件，完善的数字化基础设施、强的数字化导向、没有服务化以及高的顾客需求不确定性作为核心条件。该组态表明，在企业外部，高的顾客需求不确定性是企业所要应对的重要方面，企业应在关键业务（商业模式内容）方面开展能够满足顾客个性化需求的相关业务。但与此同时，该组态显示没有服务化作为核心条件，也即企业专注于已有产品质量或功能的提升和完善，以应对来自顾客需求不确定性的挑战。同时，这类企业数字化基础设施较为完善，具有很强的数字化导向，企业意识到数字化在企业发展战略中的重要性，完善的数字化基础设施有助于企业将顾客等利益相关者进行有效连接，从而有利于商业模式结构的优化。与其他组态不同的是，该组态的高管团队异质性不高而获得高的政府支持，二者都以辅助条件的形式出现，这说明该类商业模式中，企业获得来自政府的关注和支持大于来自企业内部的，也就是说，在这类商业模式中，来自政府的影响构成了商业模式治理的一大特点。综合来看，组态 M5 分布在没有服务化但数字化水平高的象限，这是在增强型商业模式的基础上，企业提升数字化水平的结果，并表现出对外部环境（如顾客需求不确定性高）的一种适应。对此，参照前文对智能制造企业商业模式的分类，笔者将该组态代表的商业模式命名为适应型商业模式。

符合延伸型商业模式的有组态 M3（～数字化基础设施×数字化导向×高管团队异质性×～政府支持×服务化×～顾客需求不确定性）。该组态显示，有服务化为辅助条件，不完善的数字化基础设施、强的数字化导向、高的高管团队异质性、不高的政府支持、不高的顾客需求不确定性均为核心条件。从该组态的构型来看，企业面临的市场环境中，顾客需求较为稳定，同时，企业有开展服务化业务，虽然只以辅助条件出现，但也有可能推动商业模式在内容上有所变化，如由以往主要提供产品向提供产品和服务转变。由于顾客需求不确定性不高，且获得的政府支持也不高，加之数字化基础设施不完善，这类企业的商业模式结构和治理均没有较大的变化。这类商业模式的形成得益于强的数字化导向和高的高管团队异质性。换言之，与组态 M4 类似，组态 M3 的商业模式表现出一种由数字化领导推动的特征，但与组态 M4 不同的是，组态 M3 所应对的顾客需求变化的问题不大，且向服务化领域延伸，属于有服务化但数字化水平较低的象限。然而，需要注意的是，在智能制造企业向服务化领域进行延伸的过程中，企业对新的资源和能力的需求势必会增加，而在当前的环境下，数字化及数字化资源无疑是推动制造企业智能化和商业模式转变的重要资源，而这类企业数字化基础设施的不完善可能将约束企业服务化转型的推进。同样，鉴于该组态的特征以及前文的分类，笔者将其命名为延伸型商业模式。

属于复杂型商业模式的有组态 M2（数字化基础设施×数字化导向×高管团队异质性×服务化×顾客需求不确定性）。该组态显示，有服务化作为辅助条件，完善的数字化基础设施、强的数字化导向、高的高管团队异质性以及高的顾客需求不确定性作为核心条件。在该组态中，如何应对高度不确定的顾客需求是企业重点考虑的方面。该组态进一步显示，得益于完善的数字化基础设施，企业向服务化领域进军，将拓展商业模式的内涵，重构商业模式内容。同时，完善的数字化基础设施也能够改善和优化企业与外部利益相关者的连接方式，从而有利于商业模式的结构优化。从企业内部来看，不仅该组态代表的企业数字化水平较高，而且企业高管对于数字化转型和商业模式的优化的重视程度也极为关键，应该说企业在软硬件方面都具备了较好的条件。从外部环境来看，政府支持可存在也可不存在，这说明企业的商业模式受政府影响较小。整体上看，组态 M2 属于有服务化且数字化水平高的象限，这类商业模式呈现典型的数字服务化商业模式的特征。数字化与服务化的不断融合，将会给企业的服务内容、形态带来新的变化，也会产生更多的价值创造新模式，从而有可能给商业模式的内容、结构、治理带来更多的变化，使商业模式的内涵更为丰富，也使商业模式的整体架构变得更为复杂。此外，该组态所覆盖的典型案例达20家，是所有组态中最多的，这也说明其构型在现实中具有很好的代表性。综合该组态构型特点，笔者将其命名为复杂型商业模式。

鉴于商业模式概念本身的宏大，为进一步剖析上述六个条件导致形成的智能制造企业商业模式内涵和特点，本书借鉴Amit和Zott的研究，从商业模式内容、结构、治理三个方面展开细致分析。笔者将商业模式内容、结构、治理分别作为结果，逐一进行前因组态分析，结果见表5-12、表5-13、表5-14。总体上看，各组态分析解一致性、总体解一致性的值均超过理论门槛值。从解的数量来看，导致形成智能制造企业商业模式内容的组态数量最多，达七个，而其余两个组态解的数量分别为四个、三个。

具体来看，在形成智能制造企业商业模式内容的七个解中，C1a、C1b、C1c在数字化基础设施和服务化两个条件上都以作为核心条件但不存在的状态出现，即这三个解构成了三阶等价组态。同理，C2a、C2b、C2c亦构成了三阶等价组态。

表5-12 形成智能制造企业商业模式内容的前因组态

条件	C1a	C1b	C1c	C2a	C2b	C2c	C3
数字化基础设施（DIG）	⊗	⊗	⊗			●	
数字化导向（DO）	⊗			⊗	⊗		⊗
高管团队异质性（TMT）		⊗		⊗			●
服务化（SER）	⊗	⊗	⊗	⊗	⊗	⊗	⊗
政府支持（GOV）			⊗	●	●		
顾客需求不确定性（CDU）		⊗	●		●		⊗
典型案例数	20	20	20	18	18	8	15
一致性	0.809	0.856	0.846	0.876	0.832	0.930	0.937
原始覆盖度	0.212	0.109	0.109	0.101	0.092	0.060	0.096
唯一覆盖度	0.022	0.013	0.017	0.006	0.002	0.009	0.016

续表

条件	C1a	C1b	C1c	C2a	C2b	C2c	C3
总体覆盖度				0.308			
总体一致性				0.805			

（1）商业模式内容指的是交易中的商品、信息以及支撑交易的资源和能力（Amit，Zott，2001），可以集中体现在企业的关键业务方面（叶珍、邓新明，2020）。从导致智能制造企业商业模式内容的 7 种组态的构型来看，服务化水平这一条件均是核心条件且不存在，也即服务化水平不高，这说明当前智能制造企业的关键业务主要还是以产品生产、销售为主。按照前文数字化水平和服务化程度的划分标准，组态 C1a、C1b、C1c、C2a、C2b、C3 落在增强型商业模式区域，其数字化水平和服务化程度都不高。总体上来看，上述组态的商业模式内容大多趋向于产品业务，也即向顾客提供传统的、数字化程度不高的产品。C1a、C1b、C1c 的原始覆盖度都较其他组态高，典型的案例数均是 20，这代表了当前较为常见的企业现象，即智能制造企业的关键业务依然以产品制造、销售为主，商业模式内容以低数字化程度产品为主。C2a、C2b、C2c 的相同之处是以政府支持和无服务化为核心条件，且以政府支持条件存在（政府支持力度高）、服务化不存在（没有服务化）的状态呈现，这说明组态 C2a、C2b、C2c 的商业模式内容具有典型的制度主导的特点，这类企业的关键业务较多属于战略性新兴产业或者关乎国计民生的政府重点扶持对象，这反映了这类商业模式内容具有一定的制度依赖性，总体表现为制度主导下的产品模式。组态 C3 以高的高管团队异质性、没有服务化为核心条件，不强的数字化导向、不高的政府支持、不高的顾客需求不确定性为辅助条件，数字化基础设施可以忽略不计，这说明这类商业模式的内容主要依托企业高管团队的支持和推行。这有可能是因为，长期以来，企业的关键业务持续为企业创造了可观的利润和价值，为保持收入稳定增长，来自高层管理者的关注与支持使商业模式内容获得最大程度的践行，它是高管驱动下的产品模式。图 5-2 所示为智能制造企业商业模式内容组态。

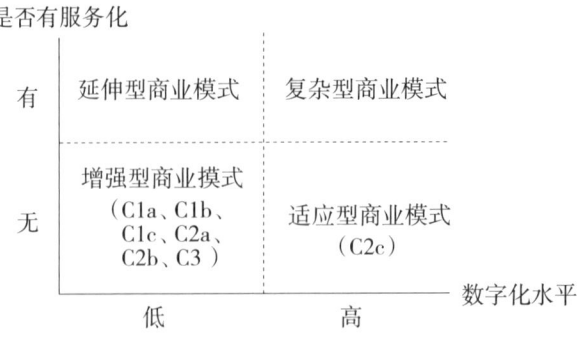

图 5-2 智能制造企业商业模式内容组态

(2) 商业模式结构指的是参与交易的各个主体以及连接这些主体的方式(Amit, Zott, 2001),这可以用企业的客户、供应商等利益相关者的分布情况来反映(叶珍、邓新明, 2020)。从表 5-13 的结果来看,导致智能制造企业商业模式结构形成的解共有 4 个,按照数字化水平和服务化程度情况,S1、S2、S3、S4 分别对应延伸型、复杂型、增强型、适应型商业模式区域(见图 5-3)。具体来看,S1 是以强的数字化导向、不高的高管团队异质性、高的政府支持、有服务化,以及高的顾客需求不确定性为核心条件,而数字化基础设施的影响微乎其微,这说明这类企业处于顾客需求不确定性较强的环境下,数字化在企业连接顾客、供应商等利益相关者的过程中影响较小。尽管企业有较强的数字化意识来改善这一局面,但是缺乏企业高层的支持。同时,商业模式结构的构建和维持获得政府的强有力支持。鉴于该组态的这种特点,笔者将这类商业模式结构命名为制度主导型结构。与 S1 类似,组态 S2 以完善的数字化基础设施、强的数字化导向、高的政府支持、有服务化、高的顾客需求不确定性为核心条件,但高管团队异质性可有可无,这反映了该类商业模式结构不仅获得了政府支持,而且还得到了数字化的支撑,也就是说企业能够依托完善的数字化基础设施将顾客和供应商进行更有效的连接,或者将此前无法触及的顾客进行数字化连接(Zott, Amit, 2017),使商业模式结构更具数字化特征。鉴于此,笔者将这类商业模式结构命名为数字化嵌入结构。在组态 S3 中,不完善的数字化基础设施、高的高管团队异质性、不高的政府支持、没有服务化、不高的顾客需求不确定性为核心条件,不强的数字化导向为辅助条件。一方面,说明这类智能制造企业处于顾客需求较为稳定的市场环境,企业的服务化程度和数字化水平不高,属于典型的以产品制造、销售为主导的制造企业;另一方面,说明这类企业商业模式结构的形成和发展主要由企业高层着手推动,客户和供应商的议价能力较大,对企业的发展影响大,这就需要企业高层定期做好维护与客户和供应商关系的工作。对此,笔者将该类商业模式结构命名为关系维护型。组态 S4 以完善的数字化基础设施、强的数字化导向、不高的政府支持、没有服务化为核心条件,不高的高管团队异质性、不高的顾客需求不确定性为辅助条件,这说明该组态所代表的智能制造企业处于需求稳定的市场,尚未开展实质性服务化业务。尽管如此,企业本身拥有较为完善的数字化基础设施,且具有较强的数字化意识,这类企业能够发挥数字化优势来维系与现有客户、供应商等的关系,同时也可以借助数字技术去发掘并触达更广泛的潜在客户,为企业开拓更宽广的市场。因此,这类智能制造企业的商业模式结构是典型的数字化驱动型结构。

表 5-13 形成智能制造企业商业模式结构的前因组态

条件	S1	S2	S3	S4
数字化基础设施(DIG)		●	⊗	●
数字化导向(DO)	●	●	⊗	●
高管团队异质性(TMT)	⊗		●	⊗
服务化(SER)	●	●	⊗	⊗
政府支持(GOV)	●	●	⊗	⊗
需求不确定性(CDU)	●	●	⊗	⊗
典型案例数	15	20	8	4
解的一致性	0.825	0.758	0.814	0.816
原始覆盖度	0.134	0.155	0.069	0.033
唯一覆盖度	0.032	0.054	0.053	0.017
总体覆盖度	0.274			
总体一致性	0.772			

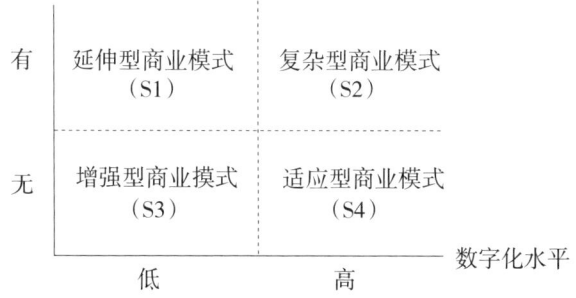

图 5-3 智能制造企业商业模式结构组态

（3）商业模式治理指的是交易过程中的信息流、资源和商品被参与主体支配或管理的方式，也指组织的合法形式和对各交易主体的激励措施（Amit，Zott，2001）。商业模式是由相互独立、跨越核心企业边界的系列活动构成的活动系统。从这个角度来看，商业模式治理离不开核心企业的努力。具体而言，商业模式治理更多体现在企业高层对商业模式治理机制的设计和把控，而驱动激励企业高层对此努力并积极践行商业模式治理活动，体现在高管持股和两职兼任两个方面（赵凤等，2016）。遵照前文的分类标准，组态G1、G3属于复杂型商业模式区域，而组态G2属于延伸型商业模式的范畴。具体来看，组态G1以完善的数字化基础设施、强的数字化导向、高的高管团队异质性、高的政府支持为核心条件，以有服务化为辅助条件，而顾客需求不确定性的影响忽略不计。也就是说，组态G1所反映的商业模式治理同时受数字化、企业高管和政府的深刻影响，较高数字化水平的优势能够使智能制造企业商业模式治理方式更加便捷和高效，但从治理主体的角度来看，这类商业模式治理同时受到企业高管和政府的影响。因此，可以将该组态命名为数字化支撑下高管与政府的协同共治模式。与组态G1类似，组态G3在组态G1的基础上则表现为数字化导向不强、政府支持不高，但顾客需求不确定性高。较组态G1不同的是，组态G3所代表的企业受到环境影响更深刻，同时在企业内部数字化导向不强，却拥有较为完善的数字化基础设施。此外，商业模式治理受到政府影响不大，更多地是由企业高管推动。对此，笔者将该类商业模式治理命名为数字化支撑下的高管主导治理模式。

表5-14 形成智能制造企业商业模式治理的前因组态

条件	G1	G2	G3
数字化基础设施（DIG）	●	⊗	●
数字化导向（DO）	●	●	⊗
高管团队异质性（TMT）	●	●	●
服务化（SER）	●	●	●
政府支持（GOV）	●	⊗	⊗
顾客需求不确定性（CDU）		⊗	●
典型案例数	20	9	5
解的一致性	0.825	0.877	0.885
原始覆盖度	0.215	0.092	0.080

续表

条件	G1	G2	G3
唯一覆盖度	0.161	0.051	0.045
总体覆盖度	0.313		
总体一致性	0.828		

相应地，组态G2处于顾客需求不确定性不高、数字化基础设施不完善的环境下，整体上处于延伸型商业模式的范围。具体来看，组态G2的商业模式治理更多体现在强的数字化导向和有力的高层管理团队的支持，而来自政府的影响不大。也就是说，这类智能制造企业商业模式治理活动主要由企业高层管理团队进行把控，且企业开始具备较强的数字化意识，寄希望于借助数字技术改善或强化现有的商业模式治理机制，为此笔者将其命名为数字化导向指引下高管主导治理模式（见图5-4）。

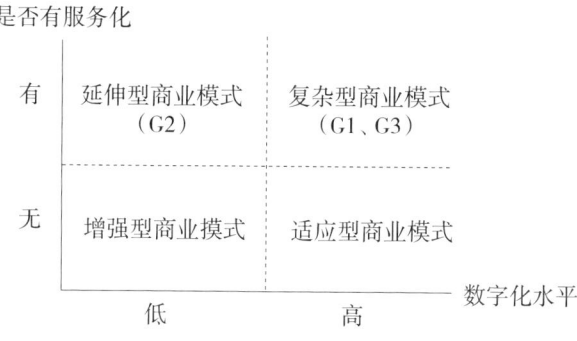

图5-4 智能制造企业商业模式治理组态

进一步地，笔者对上述组态分析予以整合，全面刻画增强型、适应型、延伸型、复杂型商业模式及其内容、结构、治理等特征（见图5-5）。

（1）增强型商业模式。从整体上看，这类模式处于数字化水平低、服务化程度低的区域，组态分析结果显示这类商业模式又可以分为高管主导模式和数字化领导模式两种。从构成维度来看，组态分析显示了其内容、结构的构型特征。在商业模式内容方面，增强型商业模式具有低数字化水平模式和制度主导下的产品模式两种，商业模式结构以关系维护型结构为主。

（2）适应型商业模式。适应型商业模式处于数字化水平高、无服务化的区域，这类商业模式的实施需要较强的数字化导向且适宜在顾客需求不确定性较高的环境。从维度构成来看，适应型商业模式内容以高管驱动下的产品模式为主，商业模式结构以数字化驱动型结构为主。

（3）延伸型商业模式。该模式处于数字化水平低、服务化程度高的区域，实施这类商业模式需要在企业内部具备较强的数字化导向、获得有力的高层支持，但在外部环境方面，顾客需求不确定性不高且缺乏有力的政府支持。从构成维度来看，延伸型商业模式结构以数字化嵌入型结构为主，商业模式治理则表现为数字化导向指引下的高管主导治理模式。

（4）复杂型商业模式。这类商业模式处于数字化水平、服务化程度均高的区域，这类商业模式的形成需要数字化基础设施完善、数字化导向强、高管支持力度大以及顾客需求不确定性高等因素的协同作用。从构成维度来看，复杂型商业模式结构呈现典型的制度主导型特征，商业模式治理包括数字化支撑下的高管与政府协同共治模式和数字化支撑下的高管主导治理模式两种。

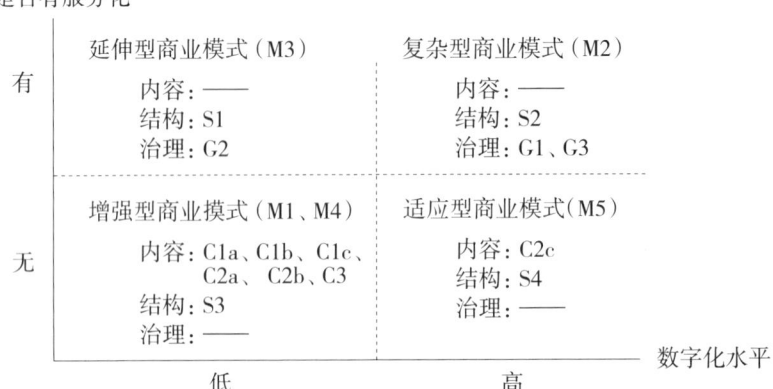

图 5-5　智能制造企业商业模式组态分析全景

至此，本书综合采用理论分类与经验分类相结合的方式全面解构智能制造企业商业模式的内涵。由表 5-15 可以看到，本章由前因组态分析生成的经验分类是对前文的理论分类的深化和拓展。以增强型商业模式为例，理论分类中表现为由数字技术使能或强化的模式，整体数字化水平和服务化程度都比较低。而在经验分类中，增强型商业模式可进一步细分为两种模式：高管主导模式与数字化领导模式。具体而言，高管主导模式具体表现为企业高层管理团队和政府在商业模式中扮演重要角色，而数字化领导模式则具有较强的数字化导向和高的高管团队异质性。也就是说，本章的组态分析更为细致地深化了智能制造企业商业模式的理论内涵，同时也体现了经验分类与理论分类具有互补优势。

表 5-15 智能制造企业商业模式的内涵

类型	分类方式	特征	内容	结构	治理
增强型商业模式	理论分类	基于数字技术拓展和强化的商业模式，数字化水平低，服务化程度低、产品附加值低	以产品为主，同时提供基于数字技术和产品数据分析的维修、检测、升级、监控等基本服务，内容本质不变	数字技术将企业与客户、供应商等相关利益者进行有效的连接，主要连接对象为企业客户	核心企业在商业模式治理方面占据主导地位，现有商业模式结构变化不大
增强型商业模式	经验分类（QCA）	以高的高管团队异质性、高的政府支持，不高的顾客数字化需求不确定性；或以强的数字化导向为主导的高管团队异质性	低数字化水平主导下的产品模式	关系维护型结构	—
适应型商业模式	理论分类	通过数字技术实现数据的多维集成和适应环境的商业模式，服务化程度低，受技术推动明显	企业向客户提供智能化产品和围绕产品具有智能特征的基本服务，创新主体和形态发生重要变化	更多的主体能够参与商业模式的价值创造活动，打破了原有的商业模式结构，创新主体由原来的集中化不断向分布式趋势发展	价值活动突破了企业的边界，给商业模式治理带来新挑战。同时出现数据质量和隐私、数据治理等新的问题
适应型商业模式	经验分类（QCA）	以强的数字化导向，没有服务化以及高的顾客需求不确定性为核心条件	高管驱动下的产品模式	数字化驱动型结构	—

续表

类型	分类方式	特征	内容	结构	治理
延伸型商业模式	理论分类	数字化水平低，由提供产品向提供服务延伸的商业模式形态，具有需求拉动的商业模式特征	主要提供物是一种基于数字技术的专业化、个性化和知识密集型服务或数字化服务	由于提供的服务已超越产品本身，因此对产品供应商等合作伙伴的依赖会有所减弱，人为干扰	核心企业执行服务提供这一主要价值创造活动
	经验分类（QCA）	强质性的数字化导向、高的高管团队异质性，不高的政府支持，不高的顾客需求不确定性作为核心条件	—	数字化嵌入型结构	数字化导向指引下的高管主导治理模式
复杂型商业模式	理论分类	服务化程度和数字化水平都较高，价值创造跨越企业边界并依托平台甚至生态来实现，商业模式体系架构不断复杂化	基于平台或生态向客户提供各类数字化服务，实现为不同领域的客户提供服务	平台构成连接智能制造企业的用户、利益伙伴等重要载体，交易活动在平台上开展和实现能够帮助企业实现"千人千面"的目标	涉及广泛的价值创造主体，使得商业模式治理对象更趋多元化，商业模式治理按生态系统的思想展开
	经验分类（QCA）	以完善的数字化基础设施、强的数字化导向、高的高管团队异质性，以及高的顾客需求不确定性作为核心条件	—	制度主导型结构	数字化支撑下的政府协同共治模式；数字化支撑下的高管主导治理模式

注：根据研究整理。

5.4 稳健性检验

笔者对形成智能制造企业商业模式及其以各维度为结果的前因组态分别进行稳健性检验。参与以往研究（杜运周、贾良定，2017；张明、杜运周，2019），将频数由原来的3提高至4，以此对比新组态与原有组态的差异。通过对比发现，新的组态促进形成智能制造企业商业模式、商业模式内容、商业模式治理的组态并作为原有组态的子集。笔者发现，形成的商业模式结构的新组态与原有组态基本一致，且各组态一致性与覆盖度差异不大，由此可知，稳健性检验展示结果稳健（表5-16～表5-19）。

表5-16 形成智能制造企业商业模式的前因组态稳健性检验

条件	M1	M2	M3	M4
数字化基础设施（DIG）		●	⊗	⊗
数字化导向（DO）	⊗	●	●	●
高管团队异质性（TMT）	●	●	●	●
服务化（SER）	⊗	●	⊗	●
政府支持（GOV）	⊗		⊗	⊗
顾客需求不确定性（CDU）	⊗	●	●	⊗
解的一致性	0.857	0.793	0.855	0.855
原始覆盖度	0.094	0.175	0.038	0.083
唯一覆盖度	0.079	0.147	0.023	0.055
总体覆盖度	0.346			
总体一致性	0.818			

注：●=核心条件存在，⊗=核心条件缺席，●=辅助条件存在，⊗=辅助条件缺席，"空格"表示该条件可存在亦可不存在，下同。

表5-17 形成智能制造企业商业模式内容的前因组态稳健性检验

条件	C1a	C1b	C1c	C2	C3
数字化基础设施（DIG）	⊗	⊗	⊗		
数字化导向（DO）		⊗		⊗	⊗
高管团队异质性（TMT）			●	●	⊗
服务化（SER）	⊗	⊗	⊗	⊗	⊗

续表

条件	C1a	C1b	C1c	C2	C3
政府支持（GOV）	⊗	⊗		⊗	●
顾客需求不确定性（CDU）		●	⊗	⊗	●
解的一致性	0.843	0.846	0.941	0.937	0.875
原始覆盖度	0.159	0.109	0.095	0.096	0.076
唯一覆盖度	0.025	0.021	0.012	0.018	0.037
总体覆盖度	0.257				
总体一致性	0.828				

表 5-18　形成智能制造企业商业模式结构的前因组态稳健性检验

条件	S1	S2	S3	S4
数字化基础设施（DIG）		●	⊗	●
数字化导向（DO）	●	●	⊗	●
高管团队异质性（TMT）	⊗		●	⊗
服务化（SER）	●	●	⊗	⊗
政府支持（GOV）	●	●	⊗	⊗
需求不确定性（CDU）	●	●	⊗	⊗
解的一致性	0.825	0.758	0.814	0.816
原始覆盖度	0.134	0.155	0.069	0.033
唯一覆盖度	0.032	0.054	0.053	0.017
总体覆盖度	0.274			
总体一致性	0.772			

表 5-19　形成智能制造企业商业模式治理的前因组态稳健性检验

条件	G1	G2	G3
数字化基础设施（DIG）	●	⊗	●
数字化导向（DO）	●	●	⊗
高管团队异质性（TMT）	●	●	●
服务化（SER）	●	●	●
政府支持（GOV）	●	⊗	⊗
顾客需求不确定性（CDU）		⊗	●

续表

条件	G1	G2	G3
解的一致性	0.825	0.877	0.885
原始覆盖度	0.215	0.092	0.080
唯一覆盖度	0.161	0.051	0.045
总体覆盖度	0.313		
总体一致性	0.828		

5.5 案例分析

由上述分析结果可以发现，五种组态都能够促进智能制造企业商业模式形成，在这五种组态中均由每个条件以不同形态（如核心或辅助、存在或缺席等）组合构成。这也进一步引申出一个亟待回答的问题——上述五种组态为何能够导致智能制造企业商业模式形成？每种组态背后隐含的理论逻辑是怎样的？对此，笔者将结合每种组态所覆盖的典型企业，对企业的实践活动展开简要的分析，增强人们对各组态的理解。

5.5.1 增强型商业模式

组态 M1 以江中药业股份有限公司（下文简称"江中药业"）为例（图 5-6）。江中药业近年来推行智能制造、绿色制造，成功通过工业和信息化部两化融合贯标认证并被认定为"绿色工厂"，成为江西省唯一获此殊荣的中药企业。江中药业主要从事非处方药、保健品的生产、研发与销售，属于医药制造业。从其 2016—2018 年的主营业务收入构成来看，并未见具体的服务化业务收入。在数字化基础设施方面，江中药业依靠先进的制造工艺技术，构筑了有利于产品研发的实验平台，拥有"中药固体制剂制造技术国家工程研究中心"和"蛋白质药物国家工程研究中心"两个国家级工程研究中心，以及"创新药物国家重点实验室"和"航天营养与食品工程重点实验室江中制药基地"两个国家级重点实验室平台。然而，这些国家级平台和实验室更多的是为了帮助江中药业提升产品研发、生产制造的能力，具体体现为先进的制造技术，尚缺乏现代数字技术的嵌入、融合及将其应用于供应链、洞悉客户等领域。在公司的战略规划中，也未见如何应对数字化转型、如何结合新兴数字技术与制造技术提升公司智能制造水平和商业模式数字化水平的相关规划,以上种种均反映了公司的数字化导向依然不强。

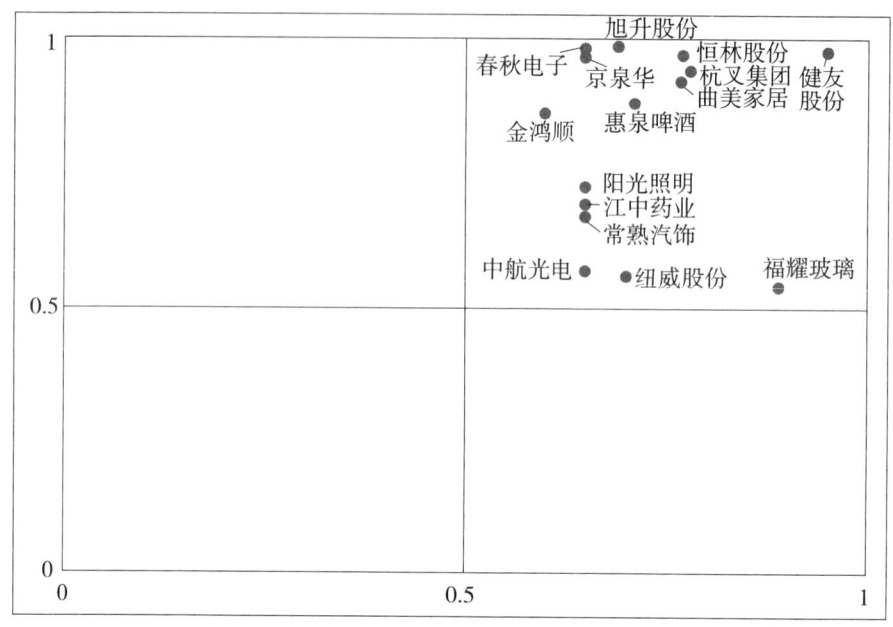

图 5-6 组态 M1 的案例解释

由于医药行业的特殊性,江中药业的产品重点聚焦胃肠品类,以"健胃消食片"为核心产品并持续强化核心诉求,通过行业教育、公关、节目冠名等途径培育品牌增长新动能,由此可以看到公司面临的顾客需求不确定性并不高。同时,公司获得的政府资金补贴不高,但受相关政策影响明显。例如,2018 年国家将中药列入国家战略以及提出"健康中国"战略,这表明国家积极鼓励中医药产业的发展,这些都将给江中药业的商业模式和未来发展带来深刻影响。江中药业现有商业模式的推行主要得益于企业高层的推动。近年来,公司不断健全完善人才建设制度,突出人才"强引擎",深入实施人才优先发展战略,为公司创新发展增添活力。从高层领导者开始,全面培养符合现阶段企业发展的文化理念,培养提升中层领导的具体管理操作能力,重点抓干部人才队伍建设,积极构建"党建+人才强企"模式,提升企业高层发现、分析、解决问题的能力以保持有效的战略执行力。依托高管团队对整个医药行业发展的把握以及在公司定位、资源配置等方面的努力,江中药业不断强化原有商业模式,为保障公司的业绩增长和持续发展提供了重要支撑。2018 年江中药业位于中国品牌 500 强第 231 位、医药行业第6位。

组态M4以奥士康科技股份有限公司（下文简称"奥士康"）为例（图5-7）。奥士康在2016—2018年期间的主营业务为高密度印制电路板的研发、生产和销售。公司的主要产品为双面板和多层板的PCB硬板，产品应用领域覆盖计算机、消费电子、通信设备、汽车电子、工控设备以及医疗电子等领域，并不断向通信网络、云计算等领域拓展。从主营业务收入构成来看，未见服务化业务收入。在数字化基础设施方面，奥士康的数字化水平并不高，公司于2018年才开始启动OA协同办公系统、ERP系统以及引进一批先进自动化设备尝试逐步取代人工基础作业，寄希望于降低成本和提高良品率。因此，整体上看，奥士康的商业模式是传统模式基础上的强化版本，属于增强型商业模式的范畴。

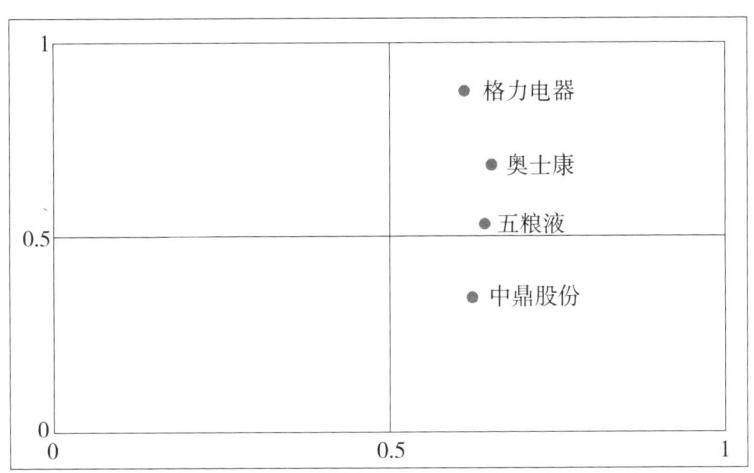

图5-7 组态M4的案例解释

随着PCB产品应用领域的扩展，奥士康的下游客户也随之不断扩散，分布在通信设备、消费电子、汽车电子、工控医疗及服务器等全球多个领域，而下游客户对产品规格、尺寸等方面的要求存在明显的差异，这给奥士康的生产线带来了一定的挑战。为此，奥士康研发出了能够提升生产效率的标准化生产单元以应对顾客需求的不确定性，同时还有效避免了员工劳动强度过大、品质参差不齐等问题的出现。奥士康获得的政府支持力度不大，目前中国PCB行业进入了整合期，政府在环保政策方面日趋严格，环保投入不足、难以达到排放标准的小企业面临严峻的挑战。但对于奥士康这种规模以上企业来说，环保政策给其带来了产业整合和发展壮大的机会。数字经济时代，奥士康的商业模式的形成和发展得益于公司具有较强的数字化导向和高管团队的大力支持。长期以来，公司坚持技术先导的发展方向，在企业内部建立起了多层次的研发平台，内部积极推行高效率、数据化、智能化管理。商业模式的推进离不开企业高层的关注和支持，公司践行"以人为本"的人才发展战略，董事会和管理层成员普遍具备十年以上的PCB行业从业经验或多年财务、管理经验，同时公司通过"内培"等人才培养方式不断扩充高层骨干队伍。上述因素促进奥士康增强型商业模式的形成，也促使奥士康成为行业内具有较高知名度的国家高新技术企业。

由于影响智能制造企业商业模式内容的组态覆盖的典型案例较多，为便于分析，笔者将根据各组态构型特征与前文理论分类进行对应，并在每种类型商业模式中选择一家典型企业进行简要的案例阐述。

在商业模式内容方面，属于增强型商业模式的组态构型中，典型企业有广东风华高新科技股份有限公司（为组态C2b所覆盖的典型企业，下文简称"风华高科"）。风华高科的主营业务为电子元器件、电子材料的研制、生产及销售。主营产品包括片式电阻器、片式电感器、陶瓷滤波器等，并未实质性涉足服务化业务领域。数字化时代，公司在数字化投入方面并不显著，而是主要依托总部研究院、各子公司研究应用中心，新兴数字技术与生产制造技术的融合也不突出，商业模式内容呈现以核心业务为主的特征，属于增强型商业模式范畴。从公司的战略规划也可以看出，近几年风华高科提出"聚焦主业"发展战略，通过强化内部管控和持续加大主业投入，逐步释放新产能。此外，需要说明的是，风华高科的实际控制人为广东省人民政府国有资产监督管理委员会，由此可见公司主营业务的调整和优化（商业模式内容）受政府影响显著。同时，伴随着电子元器件市场需求结构性调整，以及下游市场应用需求的增加，风华高科面临市场需求快速增长和顾客需求不确定性逐渐升高两种变化。

在商业模式结构方面，组态S3以南京健友生化制药股份有限公司（下文简称"健友股份"）为例。健友股份是国家高新技术企业，也是中国肝素原料药生产的龙头企业，其主营业务为心血管药、抗肿瘤药等领域产品的研发和销售。作为增强型商业模式的典型案例，健友股份通过集中洗脱模式建立原材料统一的生产步骤和质量标准，强化对源头的追溯，极大优化了与供应商的合作关系，与国际主要肝素制剂生产企业业务来往频繁（如Sanofi、Pfizer、Sandoz、Sagent等主流肝素类制剂公司）并建立了长期稳定的合作关系，形成了有效的客户黏性。公司通过对供应链的有效管理，形成了较为稳定的商业模式结构。在数字化水平、服务化程度都较低的情况下，以董事长唐咏群（入选科技部"创新人才推进计划"）为首的公司高层管理团队积极带领公司在经营管理、采购、销售模式以及供应链管理等方面不断努力奋斗，致力于将公司打造成具有全球供应能力的大型医药企业。

5.5.2 适应型商业模式

组态 M5 以深圳长城开发科技股份有限公司（下文简称"深科技"）为例（图 5-8）。深科技连续多年在全球电子信息制造服务（EMS）行业排名前列，也是中国企业 500 强之一。公司的主营业务为芯片封装测试，广泛分布在计算机存储、半导体存储、通信及消费电子、医疗设备等各类高端电子产品的先进制造领域。近年来，公司也在积极布局新能源汽车电子等战略性新兴产业。从 2016—2018 年公司的年报披露信息来看，公司主营业务收入中的 99% 都是产品收入，没有明显的服务化业务收入。深科技在数字化浪潮中拥抱变革，迎难而上。一方面，公司的数字化导向比较强，公司通过推进智能制造，持续优化先进制造管理体系，夯实公司 EMS 核心能力，而且在未来的战略规划中表现出对新兴数字技术应用的重视。例如，公司将不断强化数据和管理系统的 IT 化，以实现公司产业转型升级，提升智能制造水平。公司在未来将应用全面管理体系集成供应商数据，通过打造一整套能够自我完善的数字化智慧工厂管理系统，实现互联互通智能应用。另一方面，公司拥有较为完善的数字化基础设施，作为集成电路零件封装和测试服务制造商，深科技拥有国内最领先的封装和测试生产线，以及十多年的量产经验，是华南地区最大的 DRAM/Flash 芯片封装测试企业，在芯片封测核心技术、智能制造、工业物联网等领域打造了体系庞大、结构完善的数字化软硬件基础设施。公司在重庆、桂林等地也都建有规模庞大的智能制造基地。尽管深科技在服务化领域涉足不深，但完善的数字化基础设施使其制造技术与信息技术不断融合，并促使其商业模式在传统商业模式的基础上不断向其他产品领域（未来极有可能向产品服务领域纵向延伸）、其他产业拓展，从而适应需求多变复杂的外部环境。总体而言，深科技的商业模式属于典型的适应型商业模式。

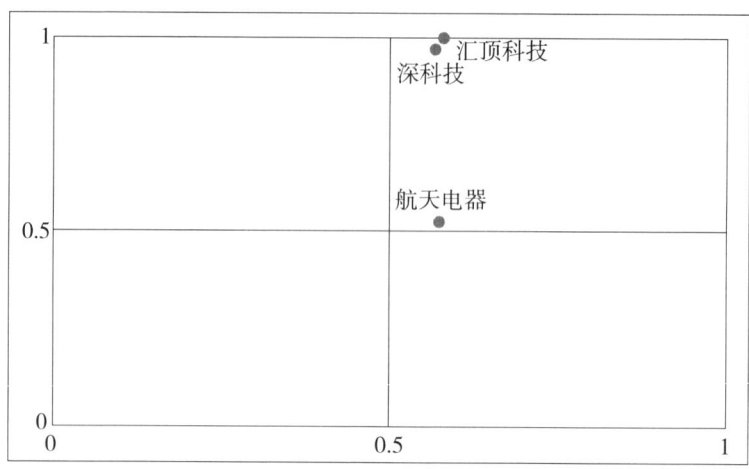

图 5-8 组态 M5 的案例解释

在云计算、物联网、大数据等战略性新兴领域快速发展的推动下，我国集成电路产业的市场需求持续变化且不确定性增加。以个人电脑产品为例，个人电脑需求逐年下滑，固态硬盘市场份额不断萎缩，影响公司的硬盘磁头等相关产品，但在数据安全和容量领域需求却呈现快速上升趋势。对此，公司的商业模式表现出对外部市场环境的适应性，通过调整产品结构和内部管理实现产业链延伸和降本增效。同时，作为全球最大的内存模组生产基地之一，深科技与业内国际化大客户形成战略合作伙伴关系，能够根据客户的芯片和应用要求，设计定制化的专用产品以应对顾客需求的不确定性。可以说，如何应对顾客需求不确定性很大程度上塑造了深科技的商业模式。此外，集成电路和芯片行业是战略性新兴产业和政府重点扶持的领域，深科技在技术改造、机器换人、信息产业园等领域均获得政府的大力支持，但这一因素并不是影响深科技商业模式的核心要素。从笔者获取的资料来看，深科技的商业模式形成受到高层管理人员影响不大，这或许与深科技所处行业的特征有关。需要说明的是，公司对承担重点项目的核心技术人员十分重视，通过采取奖励制度和核心技术保密制度，常年保持较高的研发费用投入比例。总之，在有效应对顾客需求不确定的过程中，深科技通过推动制造技术与信息技术不断融合，逐渐实现信息技术在各类终端中的应用，使得公司呈现出多元化的发展趋势，拉动企业不断调整产品结构，垂直整合，延长产业链，布局战略性新兴产业，深科技的商业模式愈发表现出对外部环境的适应性。

在商业模式内容方面，适应型商业模式类别中，以武汉光迅科技股份有限公司（为组态C2c覆盖的典型案例企业，下文简称"光迅科技"）为例。光迅科技是全球领先的光电子器件、子系统解决方案供应商，其主营业务为光电子器件及子系统产品的研发、生产、销售等，主营业务收入构成以核心产品收入为主，无服务化业务收入构成。光迅科技在智能制造、两化融合等领域具有深厚的基础，依托较为完善的数字化基础设施推进实施数字化转型，不断强化内外部产能、资源高效协同，提升交付及时率。可以看出，光迅科技的商业模式内容以核心产品生产和销售为主。除此之外，光迅科技的商业模式内容受顾客需求和政府影响也较明显。一方面，网络速率升级导致光器件产业主要需求不断向更高速率平台切换，顾客的需求差异性不断加大，伴随着行业扁平化和产业链的横向整合碎片化，企业越发意识到商业模式的重要性，这促使光迅科技构建了业界最广泛的端到端产品线，以及覆盖全系列产品的垂直整合能力以满足顾客的差异化需求。另一方面，政府在研发投入、专利和知识产权、技术改造等方面给予大量的资金支持，这也导致光迅科技商业模式内容具有一定的制度依赖性特征。

在商业模式结构方面，组态S4以惠州市华阳集团股份有限公司（下文简称"华阳集团"）为例。公司的主营业务为汽车电子、精密压铸、精密电子部件以及LED照明等产品的研发、制造及销售。经过多年的发展和积累，凭借较高的品牌影响力和数字化水平，华阳集团在行业内以及下游客户中享有良好的声誉以及较高的影响力，公司的商业模式结构较为稳定，且数字化在这方面发挥了重要的支撑作用。华阳集团拥有较为完善的数字化基础设施，近年来积极推进数字化智慧工厂建设，使得企业在包括自动化生产设备、信息化管理系统、生产工艺、模具技术、产品测试等在内的业务板块中的制造工程能力达到了国内先进水平，这也是公司确保产品质量、提高成本竞争力、支撑企业以客户为中心、构建完善的国内外销售体系的重要因素。

5.5.3 延伸型商业模式

组态M3以康力电梯股份有限公司（下文简称"康力电梯"）为例（图5-9），康力电梯作为中国电梯品牌的第一家上市公司，长期以来，致力于建设成为具有国际竞争力的综合电梯制造商和品牌运营商。公司主要从事电梯、扶梯、自动人行步道整机产品、相关零部件的研发、制造、销售，以及相关安装、维保、改造服务。从2016—2018年的年报数据来看，康力电梯在安装和维保服务业务领域的收入均占主营业务收入的10%以上，这说明康力电梯已向服务业领域延伸且贡献份额较大。就数字化基础设施而言,康力电梯搭建了旨在促进内部生产制造的相关软硬件设施和平台,这些设施使康力电梯具备雄厚的产品研发基础和技术实力。例如,公司从荷兰、意大利引进了多条全自动柔性生产线以及零部件电泳智能涂装生产线、ABB 工业机器人、交互机器人等高科技智能设备,让生产制造更加精益化。但由于缺乏对新兴数字技术的应用和与先进制造技术的结合,康力电梯的数字化水平有待提升。值得注意的是,公司的数字化导向较为明显,在未来规划中,公司持续关注新技术应用及市场、技术发展趋势,强调对新技术开展可行性研究。尤为重要的是,在康力电梯战略规划中所提出的"两个基本点""四大转型",都明确提出了服务化转型,智能制造,运用大数据、物联网等战略,指出要充分利用信息技术建立电梯维保数据平台,通过定位跟踪、数据采集等手段,为电梯维保服务提供智能化管理、保养、维修等服务,为公司的质量管理、研发制造提供准确的数据支持。这表明公司具有较强的数字化导向。整体而言,康力电梯在观察年份期间的商业模式属于延伸型商业模式。

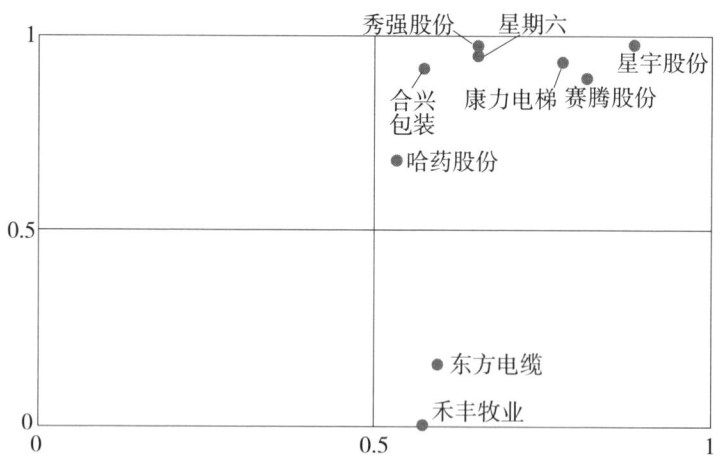

图 5-9 组态 M3 的案例解释

康力电梯的整机产品广泛应用于住宅地产、商业地产、城市交通、旅游景区、公共设施等建筑交通领域,公司能够根据配套的建筑和客户的不同需求提供个性化定制方案,伴随下游需求增速放缓,电梯业务增长驱动力逐渐向新梯、更新改造、既有建筑加装电梯等方面多轮驱动转变,但总体而言,客户需求的不确定性可控。康力电梯受到的政府支持力度不高,对商业模式的影响不大,但在政府质量提升行动计划的引导下,公司不断提升产品质量和服务质量，执行更加严格的安全和可靠性标准，提高供给效率。除此之外，康力电梯商业模式的形成和实施也得益于公司高层的重视和推动，面对当前严峻的经济和行业形势，公司管理层较早预见到行业的发展形势和潜在的蓝海市场，并在公司战略层面、技术应用、组织结构等方面开展了全方位的变革，促进公司向服务型制造、智能制造迈进的同时，也对公司的产品升级、新产品研发、市场拓展以及运营质量进行了全面的优化，使得总体新增订单维持稳定。

在商业模式结构方面，组态 S1 覆盖的典型案例有通富微电子股份有限公司（下文简称"通富微电"）。公司主营业务为集成电路封装测试，从前五大客户、供应商的情况来看，通富微电的客户集中度较高，这反映出其商业模式结构在客户端较为聚焦。通富微电重视并积极与主要客户建立并巩固长期稳定的合作关系。例如，与国际半导体巨头公司 AMD 构建了"合资 + 合作"的强强联合模式，增强了公司商业模式结构的稳定性。促进形成这一良好局面的原因源于多个方面，包括公司在数字化方面的超前意识和布局，主动融入全球半导体产业链；通过积累多年的国际市场开发经验，了解不同客户群体的特殊要求并提供相应的高质量服务；实施内涵式发展与兼并重组外延式发展相结合模式，推动产品结构调整和转型升级；充分抓住产业政策红利，积极承担国家科技重大专项，获得地方政府和国家产业政策的强有力扶持。

在商业模式治理方面，组态 G2 的典型案例有厦门合兴包装印刷股份有限公司（下文简称"合兴包装"）。合兴包装的主营业务为中高档瓦楞纸箱、纸板及缓冲包装材料的研发与设计、生产、销售及服务。公司坚持"百亿制造，千亿服务"的战略规划和"交货及时、品质保障"的基本准则，深入洞悉客户的包装需求，提供有附加值的包装物流设计服务，实现了从产品导向到服务导向的业务升级。其企业高层管理团队在商业模式治理活动方面的推动作用较为明显：一方面，随着公司的发展，公司内部逐渐建立了较为规范的管理体系，管理层具有较丰富的行业管理经验，已形成集团化、精细化管理模式；另一方面，在高层管理团队的带领下，公司积极探索产业整合方式，以合兴包装为主导，为产业链上的伙伴提供了更为灵活的合作方式，包括向伙伴输出生产管控、系统服务、集中采购、研发设计等多项灵活的服务种类。在这个过程中，商业模式的治理也与高层管理团队数字化意识有关，表现在"标准化工厂"生产模式采纳、ERP 系统的落地和实施等方面，但在具体的数字化基础设施建设方面，公司较多聚焦于生产、制造阶段，缺乏新兴数字技术与制造技术的结合以及两者在价值链全环节中的嵌入使用。

5.5.4 复杂型商业模式

组态 M2 以新疆金风科技股份有限公司（下文简称"金风科技"）为例（图 5-10）。金风科技成立于 1998 年，是我国最早以风力发电机组研发、生产和服务为主营业务的企业之一，于 2007 年在深圳证券交易所主板上市。长期以来，金风科技在风电行业连续多年处于领先地位，是我国风电装备制造行业名副其实的领军企业，多年占据国内风电市场份额的首位，也是全球风电市场的佼佼者。近年来，金风科技围绕风电机组的服务业务（技术改造、风电机组的运营、部件检测、并网优化改造、维护维修等）进行了广泛的涉足。从 2016—2018 年的主营业务收入构成来看，金风科技在风电服务、风电场开发等服务领域的收入都在 15% 以上，2018 年的服务化收入比例较前两年有所回落，这反映出服务化在一定程度上影响着金风科技商业模式的价值主张和内涵，但不是影响商业模式的必要条件。与此同时，金风科技借助新兴数字技术优化了风电机组的服务内容（如远程监测和故障预测与维护），使其商业模式呈现典型的数字服务化商业模式，按照前面的类型划分，属于复杂型商业模式。

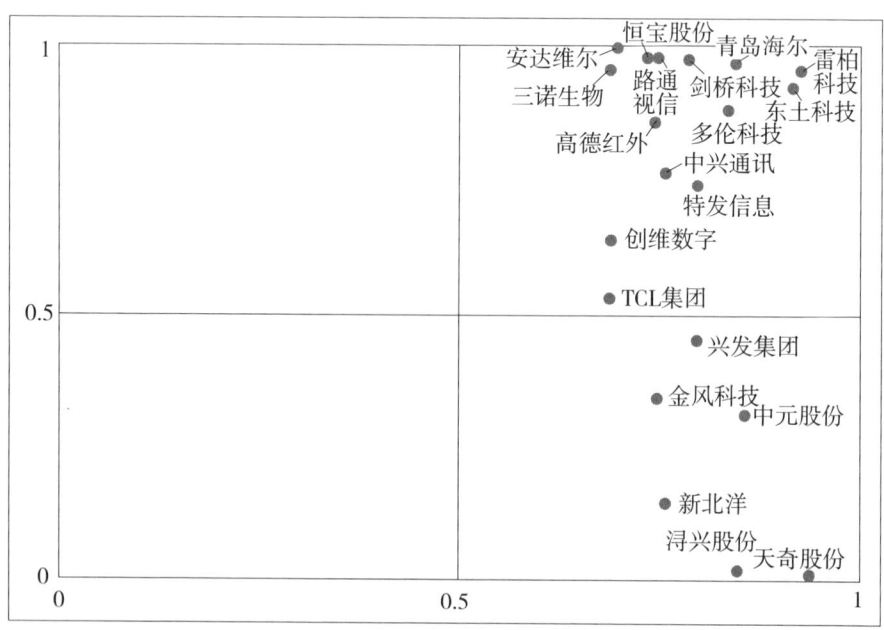

图 5-10 组态 M2 的案例解释

从外部环境来看，我国能源转型和电力体制改革的持续推进，推动了风电发展进入快车道，我国风电市场规模继续扩大。随着风电行业的产品升级迭代和技术进步，风电企业智能化水平逐步提高，然而也导致全国风电场项目平均造价显著缩水，整体来看，行业竞争形势有所强化。但作为市场的绝对领导者，金风科技多年间占据了风电行业较高的市场份额。从客户的角度来看，客户对风电的需求受地形、气候等因素影响较大，需求的不确定性较大。为有效应对这一难题，公司充分利用技术优势来不断拓展和优化产品结构，针对不同地形、气候条件进行了差异化、系列化设计以满足客户的多元化需求。从政府层面来看，我国努力推进能源安全新战略并朝着绿色低碳转型，为此，国家发展和改革委员会与国家能源局纷纷出台系列配套政策，旨在促进风电行业降本增效，鼓励多样化风电项目建设有序开展。政府的支持和鼓励于风电行业企业而言意义非凡。但对于金风科技而言，其作为风电行业的龙头企业，政府对其商业模式的影响微乎其微。金风科技商业模式的形成和不断完善得益于强大的高管团队的支持和较强的数字化水平。在高管团队方面，金风科技拥有一支经验丰富、学习能力强、结构合理的高层管理队伍。以董事长武钢为例，武钢具有长达三十年的丰富的风电技术经验及行业背景知识，是中国风电事业先驱者之一，他多次赴丹麦、德国、英国进行专业技术和工程实践培训与交流，积累了丰富的风电技术经验，在商业模式创新、团队建设、技术创新、资源整合方面具有杰出的领导力。受益于高层管理者的领导，金风科技具有较强的数字化导向，在早期便开始数字化布局并确立了风电整体解决方案提供商的战略定位。这种导向也有利于金风科技数字化基础设施的不断完善，公司在内部构建了大数据平台，有效支撑了金风科技数字化风电场整体解决方案的落地，在用户侧综合能源管理、负荷预测和用电诊断等数据分析方面成效显著。近年来，金风科技通过数字技术的集成、重新设计量化并重构服务的交易结构，逐渐形成从单一到整体的数字化能力，帮助企业形成更具竞争力的商业模式（李飞、乔晗，2019），这已成为公司高层所认可的事实。

在商业模式结构方面，组态 S2 的覆盖案例有恒宝股份有限公司（以下简称"恒宝股份"）。作为金融科技、物联网和数据化安全领域的国内领军企业，恒宝股份致力于为银行、通信等行业和政府公共服务部门提供金融科技、物联网和数据化安全及身份认证整套解决方案。恒宝股份客户群庞大，遍布全球各地，在国内获得了国家十大部委等政府机关的信赖，与 100 多家银行、三大通信运营商构建了稳健的合作关系，同时在国外与银联国际达成了多项战略合作，客户遍及东南亚、澳大利亚等地区和国家，这反映出恒宝股份商业模式结构的复杂性和稳健性。这类商业模式结构的形成不仅源于企业在数字化方面（包括数字化规划、物联网、区块链等技术）的深耕以及向服务化领域的延伸，而且也来自企业对市场需求变动的洞悉以及政府扶持的驱动。例如，恒宝股份是国家火炬重点高新技术企业、国家规划布局内重点软件企业，它所获得的资助力度较同行其他企业更大。

在商业模式治理方面，处于复杂型商业模式区域的组态有 G1、G3。以组态 G1 为例，其覆盖的典型案例有北京东土科技股份有限公司（下文简称"东土科技"）。东土科技是一家以工业互联网技术及产业为主营的智能制造企业，通过对工业互联网平台技术开展研究来为各行业提供解决方案，产品主要涉及防务、工业互联网产品、大数据及网络服务，其中大数据及网络服务收入占据 2018 年主营业务收入的三分之一。从主体角度来看，东土科技的商业模式治理呈现企业高管与政府协同共治的特点：一方面，在企业董事会的领导和高层管理人员的推动下，公司的价值创造活动获得了充分的发掘和推进，包括早期进入工业以太网领域，涉足工业互联网、智能制造、军民融合、智慧城市、轨道交通等领域，不断开辟新的价值空间；另一方面，东土科技的防务及工业互联网产品主要涉足国防军工装备领域，具有典型的军民融合的性质，同时，公司及子公司具备国家保密资格证书、国军标准质量体系认证证书等齐全的军工资质，这在一定程度上反映了相关政府部门对这些业务的严格把控在整个公司商业模式治理活动中占据重要地位。

第6章 智能制造企业商业模式与绩效关系研究

由上述章节的分析结果可以看到,形成智能制造企业商业模式的途径是多元而并非唯一的,也即"殊途"。组态分析结果显示有五条路径均能够导致形成智能制造企业商业模式,但每条路径中的内在机制却不尽相同,进一步将智能制造企业商业模式进行了类型划分。对此,本书进一步探讨这些路径导致智能制造企业形成的商业模式对绩效将会产生同效还是差异化的影响?本章将对此研究问题开展实证分析和检验。

6.1 文献回顾与理论模型

商业模式能够帮助企业降低成本、优化流程、引入新产品和进入新市场,能够提升企业的财务绩效(Foss,Saebi,2017)。现有研究已对商业模式与企业绩效之间的关系进行了较为全面的探索,然而依然存在着有待拓展的研究空间:(1)研究结论的不一致性。一方面,在国外的研究中,较多地强调新颖的商业模式才会与绩效有着显著的正向关系(Zott,Amit,2008);另一方面,在国内研究中,无论是强调效率的商业模式还是强调新颖的商业模式大多均能积极促进企业绩效增长。尽管可能是由于研究情境的不同,但现有文献未对导致这种结论不一现象的缘由展开详尽分析。例如,对智能制造企业而言,各智能制造企业的数字化水平和服务化情况就存在明显的差异,而如果不对智能制造企业商业模式类型进行划分而只是简单地"一刀切"式地展开讨论,其结论难以有效指导企业的实践。新近研究也指出,只强调新颖的商业模式并不一定会给企业带来高绩效(Leppänen et al.,2021),这些都说明在商业模式与绩效关系不一致的背景下有必要对二者的关系开展更为细致的探讨。(2)横截面数据的局限性。现有研究大多采用问卷调查的方式,搜集企业商业模式和绩效的横截面数据进行分析,虽然这类研究能够为探析二者内在关系提供积极的洞见(吴东等,2019),但商业模式的实施作为一项系统工程,其带来的成效并不一定能够立竿见影(汤临佳等,2019)。尤其是在数字化转型和智能制造的过程中，企业的商业模式处于不断调整和变革的状态，其价值效应可能要经过数年时间才能显现，因此横截面数据的分析有可能遮蔽了二者的内在关系。

针对上述研究局限，笔者基于前文的分析，尝试从如下思路展开分析。在第五章的智能制造企业商业模式前因组态分析的基础上，笔者已经对智能制造企业商业模式的形成进行了溯因，厘清了不同的行业环境、服务化、数字化基础设施等因素的综合作用对智能制造企业商业模式形成的影响，进一步拓展了商业模式与企业绩效关系的研究。在组态分析的基础上，笔者发现不同的组态恰好与前面章节关于智能制造企业商业模式的理论分类进行匹配，不仅论证和丰富了前文分类的讨论，而且为详细讨论智能制造企业商业模式与企业绩效关系提供了重要的理论依据。此外，Zott 和 Amit 基于构型理论从商业模式主题中提炼了效率型、新颖型商业模式并对其量表进行了开发，但后续实证研究并未从构型的角度对商业模式与企业绩效的关系进行探究（吴晓波等，2019）。此前的研究就已表明，组织构型对组织绩效具有一定的解释力（Meyer et al.，1993），尤其是在特定类型行业中，这种解释力有可能获得明显的强化。因此，在组态分析对智能制造企业商业模式分类的基础上，笔者采用构型的思想进一步讨论商业模式与绩效的关系。需要说明的是，本书旨在检验不同类型智能制造企业商业模式与绩效的关系，也即进一步探讨智能制造企业商业模式是否"殊途同效"，借鉴主流文献做法（张明等，2020；Ong，Johnson，2021），不提出具体的理论假设，而是直接采取回归方法展开分析，并构建了本章的理论模型，如图 6-1 所示。

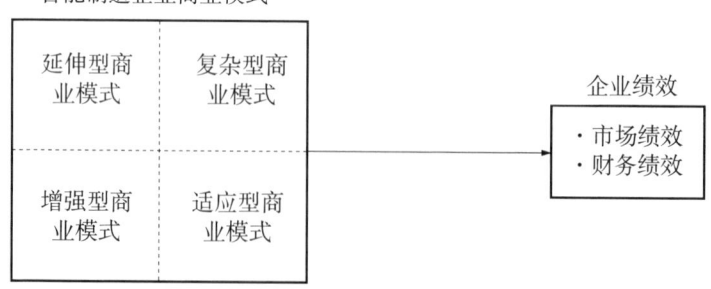

图 6-1 智能制造企业商业模式与绩效关系理论模型

6.2 研究设计

1. 因变量

鉴于企业商业模式的实施需要一定的时间，其所带来的绩效影响有可能并非一蹴而就。相较于现有绝大多数类似研究采取横截面数据分析的做法，本书选择滞后两年的绩效数据。在具体的指标方面，企业绩效从市场绩效和财务绩效两个方面进行分析。在市场绩效测量方面，借鉴庄伯超等人的做法，选择营业利润率来衡量智能制造企业的市场绩效，计算公式为：营业利润率=营业利润/营业收入。在财务绩效方面，总资产净利润率（rate of return on total assets，ROA）能够较为客观地反映企业在资金利用、利润获取等方面所取得的实际效果，可以较为准确地映射企业资本的盈利状况，具有较强的客观性。特别是该指标与企业的重要资产变化同步变动，可以及时地反映企业绩效的变化。对此，本书选择总资产净利润率为企业财务绩效水平的测度指标，计算公式为：总资产净利润率=净利润/年平均总资产。

2. 自变量

自变量为上述组态分析结果中的五种组态，由上述 fsQCA 分析结果可知，实现智能制造企业商业模式的组态相当于总集合的子集，从类型学的角度来看，相当于对智能制造企业商业模式进行了再次经验分类，而每一种组态相当于定量研究中的自变量。因此，从集合论的角度可以将每种组态进行度量并转换成自变量，根据其交集情况可以得到各自变量（组态）的值。以组态 M1 为例，前文将其命名为高管主导增强型商业模式（～数字化导向×高管团队异质性×～政府支持×～服务化×～顾客需求不确定性），其集合隶属分数为组态中五个条件所代表的集合隶属分数的交集，也即取最小集。通过校准后的集合隶属分数情况计算各条件的非集得分，最终生成各组态的集合隶属分数，也即将分析的各自变量的值，值的范围为 0～1。

3. 控制变量

参考已有成熟做法（Zott，Amit，2007；张明等，2020），本书选取以下变量进行测量：企业年龄，取企业成立时间至观测年份的年份数；企业规模，不同规模的企业拥有的资本、人力等资源不同，从而有可能在绩效方面存在差异，因此对总资产取自然对数进行测量；在资源层面，考虑到非沉淀性冗余资源和潜在冗余资源有可能对智能制造企业商业模式带来影响，故将二者作为控制变量处理，其中，对非沉淀性冗余资源采用流动资产与流动负债的比值进行测量，对潜在冗余资源采用所有者权益总额除以负债总额的值进行测量。此外由于商业模式是跨越企业边界甚至是行业边界的活动系统集合，因此从利益相关者的角度来看有可能会受到客户和供应商的影响，对此，选取客户议价能力（前五大客户销售收入占比的平方）、供应商议价能力（前五大供应商采购占比的平方）作为控制变量。此外，选取独立董事占比（独立董事数量与董事规模之比）、行业集中度（赫尔芬达指数）、行业成长性（行业营业收入增长率）作为控制变量，其中，行业营业收入增长率=（行业内企业营业收入本年本期金额－营业收入上年同期金额）/营业收入上年同期金额。

6.3 研究结果

6.3.1 描述性统计与相关性分析

表6-1显示了各变量的平均值、标准差的描述性统计以及变量间的相关性系数。变量的顺序与前面章节组态分析结果（组态M1—组态M5）一致。可以看到，自变量高管主导增强型商业模式、复杂型商业模式、数字化领导增强型商业模式、适应型商业模式均与财务绩效显著正相关，高管主导增强型商业模式、复杂型商业模式、数字化领导增强型商业模式与市场绩效具有显著正相关关系，从而可以初步判断这些自变量能够显著影响企业绩效，也为后续的实证分析提供了重要的前提。

6.3.2 回归分析

在定量测量特定因素对因变量（如企业绩效）影响的过程中，OLS回归是一种较为常用的计量方法。本书采用OLS回归分析方法，在实证分析之前，针对异常值现象，笔者对样本数据进行了1%缩尾处理，结合使用Robust稳健标准误进行回归，发现各模型均不存在异方差现象；查看VIF值，发现均小于3，可以判断模型不存在多重共线性的问题。表6-2显示了回归分析结果。进一步地，笔者考虑了相关的潜在干扰因素作为控制变量，从数据结果来看，非沉淀性冗余资源和潜在冗余资源对市场绩效和财务绩效存在显著的正向影响，这印证了组织理论认为冗余资源对企业绩效增长具有积极作用的观点（Gentry et al.，2016）。

表 6－1　相关性分析

序号		1	2	3	4	5	6	7	8	9	10	11	12	13	14	15	16
1	财务绩效	1															
2	市场绩效	0.898**	1														
3	高管主导增强型商业模式	0.118*	0.098*	1													
4	复杂型商业模式	-0.150**	-0.140**	-0.186**	1												
5	延伸型商业模式	0.003	0.001	-0.138**	-0.014	1											
6	数字化领导增强型商业模式	0.153**	0.127**	0.098*	-0.143**	-0.106*	1										
7	适应型商业模式	0.109*	0.087	0.016	-0.146**	-0.108*	0.194**	1									
8	企业年龄	-0.014	-0.020	0.065	-0.006	-0.094	0.016	0.046	1								
9	资产总计	0.035	0.000	-0.081	-0.002	-0.017	0.083	0.022	0.203**	1							
10	非沉淀性冗余资源	0.165**	0.199**	0.051	0.011	-0.076	-0.030	0.015	-0.072	-0.394**	1						
11	潜在冗余资源	0.165**	0.207**	0.075	0.016	-0.078	-0.043	-0.000	-0.083	-0.433**	0.948**	1					
12	客户议价能力	-0.061	-0.042	0.118*	0.040	0.038	-0.019	0.068	-0.165**	-0.185**	0.076	0.046	1				
13	供应商议价能力	0.055	0.048	-0.012	-0.056	-0.008	-0.069	0.073	0.017	-0.152**	0.126*	0.152**	0.193**	1			
14	独立董事占比	-0.068	-0.104*	-0.032	0.050	0.077	0.080	0.018	-0.056	0.057	-0.057	-0.038	-0.012	-0.034	1		
15	行业集中度	-0.011	-0.010	0.064	-0.131**	0.032	-0.037	-0.077	0.100*	0.096	-0.091	-0.075	0.044	0.031	-0.029	1	
16	行业成长性	-0.083	-0.083	0.091	-0.098*	0.016	-0.025	0.033	0.086	0.064	-0.064	-0.088	0.198**	0.050	0.004	0.720**	1
	平均值	0.040	0.073	0.054	0.110	0.048	0.022	0.019	2.850	3.767	2.200	2.064	0.127	0.108	0.375	0.105	0.628
	标准差	0.060	0.153	0.153	0.210	0.124	0.080	0.070	0.305	0.569	1.982	2.314	0.162	0.119	0.052	0.085	0.916

注：$*\ p<0.05$，$**\ p<0.01$。

表 6-2　OLS 回归结果

	市场绩效		财务绩效	
常数	0.068 (0.763)	0.080 (0.912)	0.018 (0.457)	0.024 (0.617)
企业年龄	-0.016 (-0.739)	-0.019 (-0.843)	-0.007 (-0.692)	-0.008 (-0.864)
资产总计	0.031** (2.733)	0.031** (2.662)	0.014** (2.787)	0.014** (2.811)
非沉淀性冗余资源	0.003 (0.257)	0.003 (0.236)	0.004 (0.760)	0.004 (0.767)
潜在冗余资源	0.013 (1.254)	0.014 (1.275)	0.002 (0.634)	0.002 (0.607)
客户议价能力	-0.023 (-0.609)	-0.031 (-0.803)	-0.016 (-0.969)	-0.021 (-1.286)
供应商议价能力	0.045 (0.950)	0.045 (0.988)	0.029 (1.320)	0.030 (1.498)
独立董事占比	-0.288 (-1.694)	-0.310 (-1.935)	-0.072 (-1.128)	-0.082 (-1.343)
行业集中度	0.164 (1.375)	0.169 (1.426)	0.064 (1.165)	0.069 (1.240)
行业成长性	-0.022* (-2.129)	-0.024* (-2.390)	-0.009 (-1.885)	-0.010* (-2.198)
高管主导增强型 商业模式	—	0.078* (2.071)	—	0.042** (2.926)
复杂型商业模式	—	-0.070 (-1.229)	—	-0.027 (-1.453)
延伸型商业模式	—	0.069+ (1.720)	—	0.030 (1.323)
数字化领导增强型商业模式	—	0.208** (2.803)	—	0.093** (3.116)
适应型商业模式	—	0.151* (2.296)	—	0.074* (1.973)

续表

	市场绩效		财务绩效	
样本量	415	415	415	415
R^2	0.074	0.118	0.060	0.119
调整 R^2	0.053	0.087	0.040	0.088
F 值	4.287***	3.980***	3.115***	3.723

注：+ $0.05<p<0.1$，* $p<0.05$，** $p<0.01$，括号内为 t 值。

根据前面章节的前因组态分析结果，经验分类下的增强型商业模式包括高管主导、数字化领导两种。具体而言，高管主导增强型商业模式对市场绩效和财务绩效均有显著正向影响（$p=0.078$，$t=2.071$；$p=0.042$，$t=2.926$）。实施该类型商业模式的智能制造企业处于市场需求波动不大的市场环境下，对内以产品生产和销售为主营业务，没有开展实质性的服务化业务，同时在数字化方面的导向不强，对外无明显的政府关注与支持。此时的商业模式主要得益于企业高管团队的推动。不难理解，由于企业处于上述经营环境，即顾客需求不确定性不高的情境下，无论企业的数字化水平如何，若能获得企业高管的大力支持和积极推动，就能够有效保障智能制造企业获得可观的市场份额，为企业赢得积极的财务绩效。从以往研究来看，企业高管在商业模式设计和创新中的积极作用似乎已获得初步的论证（Snihur，Zott，2020；谢卫红等，2018；杨特等，2018）。然而笔者研究发现，对处于顾客需求不确定性不高的环境下的智能制造企业而言，尽管缺乏外部制度、无服务化业务，但凭借高管团队的推动和支持，企业的商业模式依然能够为企业带来积极的绩效回报，这不仅是对已有研究的细化和拓展，而且进一步凸显了高管团队在商业模式中的关键角色，高管团队能够助推和保障商业模式的落地，从而促进企业的绩效增长。

数字化领导增强型商业模式对市场绩效和财务绩效均有显著正向影响（$p=0.208$，$t=2.803$；$p=0.093$，$t=3.116$）。这类增强型商业模式与适应型商业模式存在部分条件替代关系，即数字化领导增强型商业模式中的无服务化和高的顾客需求不确定性，与适应型商业模式中的有服务化和不高的顾客需求不确定性构成替代关系。然而，数字化领导增强型商业模式对企业绩效（市场绩效和财务绩效）的影响却有别于适应型商业模式。与适应型商业模式不同的是，数字化领导增强型商业模式面临的顾客需求不确定性高，但该条件只是作为辅助条件出现，这说明其并未成为企业重点应对的问题。同时，数字化领导增强型商业模式表现出强的数字化导向，这说明企业已经在数字化建设方面积极谋划，以期通过数字化来改善现有的业务流程从而更有效地应对外部环境变化。实施数字化领导增强型商业模式的智能制造企业较传统制造企业不同的是，其在数字化方面的认识已经深入并贯穿到企业的经营发展战略，同时在高层管理团队的大力推动下，能够帮助企业实现积极的市场绩效和财务绩效。

适应型商业模式对市场绩效和财务绩效也均有正向促进作用（$p=0.151$，$t=2.296$；$p=0.074$，$t=1.973$）。采用适应型商业模式的智能制造企业数字化水平较高，且具有较强的数字化导向，顾客需求的不确定性高，加之本身没有从事服务化业务，增加了应对环境不确定性和动态性的难度。但完善的数字化基础设施和前瞻性的数字化布局，帮助企业弥补了缺乏高层支持、无服务化的短板和不足，企业凭借在数字化方面的积累和优势从而实现对外部环境的适应。例如，依托完善的数字化基础设施，智能制造企业能够充分利用新兴数字技术，并将其与现有的生产制造技术进行结合以实现智能化运营。数字技术手段可以帮助企业从海量数据中形成深刻的数据洞察，提升企业的决策效率以有效应对外部环境的变化，增强对外部环境的适应性，同时也有利于强化现有的主营业务，因此可以有效促进市场绩效和财务绩效的增长。以往研究表明，不同类型的商业模式设计能够给企业带来不同复杂程度的环境适应性，适应过程还会受到企业战略、组织目标以及外部环境的影响（吕鸿江等，2016），本书的研究发现与该观点不谋而合。

延伸型商业模式对市场绩效有积极的正向影响（$p=0.069$，$t=1.720$），但这种影响较为微弱，而对财务绩效则没有显著正向影响（$p=0.030$，$t=1.323$）。从构型特征来看，延伸型商业模式与高管主导型商业模式类似，具有高的高管团队异质性、缺乏政府支持、处于顾客需求不确定性不高的市场环境下，但不同的是，延伸型商业模式表现出有服务化、较强的数字化导向、不完善的数字化基础设施。可以说，相较于高管主导型商业模式，延伸型商业模式所表现的不同主要在于其开展了服务化业务。一方面，实施延伸型商业模式的智能制造企业积极开展了服务化业务，在商业模式内容方面已经向服务化拓展，有助于企业向行业内其他领域或其他行业进行延伸，这将企业的关注焦点更多地转向顾客，提供能够满足顾客个性化需求的产品和服务成为企业的日常主要业务之一，在这个过程中，推动企业主动发掘和分析顾客的潜在需求，增强企业对市场的洞察能力，有利于扩大企业的市场活动和市场影响力，帮助企业获得积极的市场绩效。但是，当企业处于市场需求变化不大的环境下时，额外提供服务内容且没有数字化的支撑，有可能无益于企业的财务绩效增长。

复杂型商业模式对市场绩效和财务绩效均是负向影响，但不显著（$p = -0.070$，$t = -1.229$；$p = -0.027$，$t = -1.453$）。这一结论似乎与主流研究观点不同，但仔细分析复杂型商业模式的构型特点后不难看出，除政府支持这一条件可有可无之外，其他条件均作为核心条件出现（有服务化为辅助条件），这体现了这类型智能制造企业处于顾客需求不确定性高的环境下，数字化与服务化的高度融合使得商业模式也呈现明显的数字化、服务化的特点（Kohtamäki et al., 2019）。一方面，数字化商业模式与服务化商业模式二者间的融合需要一定时间的磨合，数字化能够促进服务内容的呈现方式、传递方式以及价值创造方式不断呈现数字化，而服务化也可以进一步促进数字化应用范围的扩散和能力的提高。例如，个性化服务的提供促进智能制造企业深化对数字技术的应用，以提高个性化服务的效率和效益（Martín-Peña et al., 2020），只有当二者进行有效匹配时，商业模式才能发挥潜在的价值，而如果二者不匹配，则也有可能同时出现"服务化悖论"与"数字化悖论"的局面，不利于市场绩效和财务绩效的增长。另一方面，随着数字化与服务化的不断融合，有可能推动企业服务内容或服务传递的方式发生转变，如智能解决方案、自动化监测等服务，在这种情况下，企业需要构建一种包含顾客、供应商、合作伙伴的生态系统来进行价值传递，通过多元化的价值创造机制来获取相应的价值（Chen et al., 2021），这有可能会在短期内使企业消耗一定的人力、物力、资金，不利于市场绩效和财务绩效的增长。

从上述的回归结果来看，没有开展服务化业务的智能制造企业，相较于已经开展服务化业务的企业，其商业模式对企业绩效的影响更为明显。这并不是说服务化不利于企业的绩效增长，而是从构型视角进行分析时会有不同的结论。就目前而言，智能制造企业在强化核心业务的基础上，针对外部环境的变化，无论是通过发挥企业高层的作用强化已有模式，还是充分利用数字化优势不断适应外部环境，都能给企业带来积极的绩效回报。

6.3.3 稳健性检验

本书在OLS回归分析过程中将因变量采取滞后数据进行分析，一定程度上能够缓解内生性的问题。需要说明的是，在回归的过程中，笔者充分考虑了有可能影响企业绩效的变量并将其作为控制变量，尽量排除遗漏变量的可能性。本书的自变量多达五个，且在理论上并无有价值的参考，这使本书难以选择有效的工具变量，此时，开展内生性检验将会弄巧成拙，从而扭曲研究的结果。对此，内生性检验并非构成本书的重要研究内容，这与已有文献的做法一致（宋竞等，2021；Ong，Johnson，2021）。

与此同时，为确保结果的稳健，笔者进一步开展了稳健性检验。由于本书的因变量包括市场绩效和财务绩效，因此，在稳健性检验方法上，采取了不同的方法。对市场绩效的稳健性检验，采取增加虚拟控制变量的形式进行分析。对财务绩效的稳健性检验采取替换因变量的方式，这两种检验方法都是学界较为常见的处理方式。具体而言，在增加虚拟控制变量方面，智能制造企业所在区域有可能给商业模式及其价值创造带来差异性，例如，处于珠三角、长三角、京津冀等地区的企业在资源、政策等方面对商业模式的形成更有利（周勇等，2022），对此，本书将处于上述区域的智能制造企业设为1，否为0。与此同时，国有企业更容易获得政府的支持从而影响经营绩效，对此，本书对国营企业赋值为1，否为0。鉴于离散型制造、流程型制造二者在产品生产方式、价值创造形态等方面有可能存在不同，本书对制造类型做虚拟变量处理，企业的主营业务属于离散型制造的被赋值为1，属于流程型制造的为0。表6-3显示，在增加控制变量后，OLS回归结果与原先分析结论几乎一致，这说明对市场绩效的回归分析结论稳健。在财务绩效方面，本书用净资产收益率进行替换，显示结果稳健。

表6-3 稳健性检验OLS回归结果

	市场绩效（增加控制变量）		财务绩效（净资产收益率）	
常数	0.202* (2.002)	0.183* (2.070)	-0.060 (-0.697)	-0.050 (-0.591)
企业年龄	-0.033 (-1.411)	-0.031 (-1.352)	-0.000 (-0.021)	-0.004 (-0.197)
资产总计	0.017 (1.641)	0.020 (1.866)	0.037** (3.541)	0.037** (3.519)
独立董事占比	-0.306 (-1.780)	-0.328* (-2.045)	-0.083 (-0.640)	-0.101 (-0.802)

续表

	市场绩效（增加控制变量）		财务绩效（净资产收益率）	
非沉淀性冗余资源	0.007 (0.512)	0.006 (0.457)	0.007 (0.842)	0.007 (0.893)
潜在冗余资源	0.010 (0.847)	0.011 (0.939)	−0.000 (−0.038)	−0.001 (−0.099)
客户议价能力	−0.015 (−0.401)	−0.025 (−0.657)	−0.008 (−0.222)	−0.019 (−0.542)
行业集中度	0.147 (1.228)	0.160 (1.340)	0.112 (1.027)	0.123 (1.100)
行业成长性	−0.017 (−1.752)	−0.021* (−2.067)	−0.019 (−1.949)	−0.021* (−2.205)
企业所在区域	0.009 (0.554)	0.004 (0.265)	—	—
所有制	−0.036* (−2.465)	−0.026 (−1.752)	—	—
制造范式	−0.023 (−1.402)	−0.018 (−1.219)	—	—
高管主导增强型商业模式	—	0.075* (2.076)	—	0.086** (3.366)
复杂型商业模式	—	−0.053 (−0.933)	—	−0.035 (−1.007)
延伸型商业模式	—	0.069⁺ (1.692)	—	0.055 (1.062)
数字化领导增强型商业模式	—	0.209** (2.804)	—	0.158** (3.522)
适应型商业模式	—	0.151* (2.266)	—	0.130* (2.278)
样本量	415	415	415	415
R^2	0.089	0.125	0.040	0.081
调整 R^2	0.061	0.088	0.019	0.049
F 值	3.452***	3.272***	2.337*	3.090***

注：⁺$0.05<p<0.1$，*$p<0.05$，**$p<0.01$，括号内为 t 值。

第7章 结论与展望

本章旨在对前文研究内容、研究结论、贡献进行全面总结和分析，进一步对未来研究进行展望。本书的研究内容主要包括智能制造企业商业模式分类、智能制造企业商业模式前因组态及其与绩效的关系，因此在研究结论部分将对本书的主要发现进行归纳。进一步讨论本书对现有研究存在的理论贡献和创新之处，以及研究的管理启示，同时也对本书存在的不足进行陈述，对未来研究作简要展望。

7.1 研究的主要结论

本书以智能制造企业商业模式为研究焦点，根据服务主导逻辑的思想，从服务化和数字化两个维度对智能制造企业商业模式进行理论分类。在这个基础上，基于适应性结构化理论视角，采用定性比较分析方法揭示形成不同类型智能制造企业商业模式的前因组态，对由此形成的智能制造企业商业模式的经验分类与前文的理论分类进行结合，共同深化智能制造企业商业模式的内涵。最后，本书从组织构型理论出发，进一步分析不同类型智能制造商业模式对企业绩效的影响。本书三个子研究之间为顺承关系，下文将根据分类—前因组态—与绩效关系的研究逻辑总结本书的主要研究结论。

（1）服务主导逻辑为智能制造企业商业模式的分类提供了贴切的理论视角，按照 S-D（服务化与数字化）二维分类标准，智能制造企业商业模式具有"一体四型"的特征，其分类框架为洞悉智能制造企业商业模式的内涵，揭示智能制造企业商业模式的前因组态及其与绩效的关系提供了理论基础。

①智能制造企业商业模式是制造企业充分利用新兴数字技术不断积累和应用工业大数据，向客户提供数字化产品或服务从而获取绩效回报的价值逻辑，某种程度上，也是由数字技术嵌入继而对商业模式的内容、结构、治理带来局部渐入式变革或整体上根本性的重塑，制造企业的价值主张和价值创造来源等发生深刻变化的价值逻辑，本质上是一种数字化商业模式。

②服务化与数字化相互作用共同影响智能制造企业商业模式的形成和变革，不同程度或水平的服务化与数字化的交融，能够对智能制造企业商业模式产生不同的结果。按照是否有服务化和数字化水平的高低，智能制造企业商业模式可进一步分成增强型、适应型、延伸型、复杂型商业模式，智能制造企业商业模式具有"一体四型"的特征。

③增强型、适应型、延伸型、复杂型四种商业模式存在内在的递进关系。适应型、延伸型商业模式分别是增强型商业模式在数字化、服务化方面的递进和延伸，而复杂型商业模式是服务化程度和数字化水平都高的模式表现。增强型商业模式是智能制造企业较为基本和初级的模式表现，适应型商业模式表现为一种"技术推动"模式，延伸型商业模式表现为一种"需求拉动"模式，复杂型商业模式表现为以平台甚至生态为载体实现价值创造的模式。此外，四种商业模式在内容、结构、治理三个方面呈现不同的特征。

（2）基于适应性结构化理论识别，提炼了影响智能制造企业商业模式的六个因素，通过定性比较分析方法分析发现，智能制造企业商业模式的形成是多因素共同作用的结果，其前因组态共有五种。

①本书基于适应性结构化理论视角，从先进信息技术结构、内部结构源、外部结构源三个方面识别和提炼了影响智能制造企业商业模式的六个重要因素，包括数字化基础设施、数字化导向、高管团队异质性、服务化、政府支持、顾客需求不确定性六个因素，为理解智能制造企业商业模式的形成提供了整合视角。

②本书采取组态研究范式展开了分析，研究结果显示导致智能制造企业商业模式形成的组态或路径共有五种。根据各构型中服务化与数字化基础设施这两个条件的出现情况进一步将智能制造企业商业模式进行了经验分类，即高管主导增强型商业模式、数字化领导增强型商业模式、适应型商业模式、延伸型商业模式以及复杂型商业模式五种。

③数字化领导增强型商业模式与延伸型商业模式在前因组态方面存在着条件（影响因素）间的替代关系。研究发现，延伸型商业模式的集合"有服务化和不高的顾客需求不确定性"，与数字化领导增强型商业模式的集合"没有服务化和高的顾客需求不确定性"构成了替代关系，反映出智能制造企业在实施这两种商业模式过程中，应对顾客需求不确定性和是否实施服务化策略方面，体现了不同的应对策略。相较于数字化领导增强型商业模式，延伸型商业模式表现为更加主动地开展服务化业务，寻求和开拓新的价值增长点。

④进一步细致分析了影响智能制造企业商业模式内容、结构、治理的前因组态，结合由前因组态涌现的经验分类发现，增强型商业模式内容具有低数字化产品模式和制度主导下的产品模式两种，商业模式结构表现为关系维护型；适应型商业模式内容以高管驱动下的产品模式为主，呈现数字化驱动型商业模式结构；延伸型商业模式结构以数字化嵌入型结构为主，商业模式治理则表现为数字化导向指引下的高管主导治理模式；复杂型商业模式结构具有典型的制度主导型特征，商业模式治理包括数字化支撑下高管与政府协同共治模式和数字化支撑下的高管主导治理模式两种。这些研究发现与本书对智能制造企业商业模式的理论分类形成互补，共同深化了智能制造企业商业模式的内涵。

（3）组织构型理论为分析智能制造企业商业模式与绩效的关系提供了较为整合和新颖的理论视角，本书剖析了不同类型智能制造企业商业模式对绩效的影响，为商业模式与企业绩效的关系提供了更为细致的研究发现。

①基于组织构型理论，分析由前因组态所形成智能制造企业商业模式的经验分类，进一步分析其与绩效的关系，不仅全面检验了各类型智能制造企业商业模式的价值效应，而且论证了以商业模式为表现形式的组织构型对组织绩效所具有的解释力。

②研究结果显示，在当前的环境下，智能制造企业实施增强型（高管主导增强型商业模式、数字化领导增强型商业模式）、适应型商业模式能够显著促进企业的市场绩效和财务绩效，延伸型商业模式对市场绩效有正向影响，但与增强型、适应型商业模式相比，其影响相对微弱，且对财务绩效没有显著影响。

③相较于其他三种商业模式，服务化程度高、数字化水平高的复杂型商业模式对市场绩效和财务绩效具有负向影响，且均不显著。也就是说，在短期时间内，相较于那些已经涉足服务化领域并取得积极成效的智能制造企业而言，没有开展服务化业务（或者只提供一些基本的服务，但这些服务并未独立盈利）的智能制造企业商业模式更有利于促进企业绩效的增长。

7.2 理论贡献与创新之处

本书对智能制造企业商业模式的类型、前因组态及其与绩效的关系进行了积极的探讨，拓展和丰富了现有研究相关讨论，其理论贡献和创新之处体现在以下四个方面。

（1）基于服务化与数字化维度，本书对智能制造企业商业模式进行理论分类，是对现有商业模式分类研究在情境上的拓展和理论内涵上的深化，在研究问题上具有一定的创新性。本书瞄准国家重大战略需求，以智能制造企业为研究对象，在对智能制造企业商业模式进行概念界定和内涵明确的基础上，从服务化（无、有）、数字化水平（低、高）两个维度把智能制造企业商业模式分成增强型、适应型、延伸型、复杂型商业模式，是对已有研究讨论的重要拓展（Visnjic et al.，2016；Visnjic et al.，2019；肖挺，2019）。以往关于商业模式的分类研究大多是广义上的讨论，即通过分类提供一种普适性的分析框架（原磊，2008；Foss，Saebi，2017）。也有部分文献关注制造企业商业模式的类型问题（Vendrell Herrero et al.，2018），例如，一些文献从数据资源的角度开始尝试对制造企业商业模式的类型展开讨论（Hartmann et al.，2016；Remane et al.，2017），不可否认的是，这些讨论为本书的分类研究提供了必要的文献基础。遗憾的是，这些讨论尚未形成较为完整的分类体系，尤其是对智能制造企业的关注更是缺乏。智能制造企业作为整个制造企业的构成群体之一，在经营发展和价值创造过程中呈现出许多与传统制造企业不同的地方（Zhou et al.，2019；安筱鹏，2019），尤其是在对数字技术的应用通过数字技术与业务活动的嵌入进而改变企业的价值创造逻辑方面（谢卫红等，2020；刘洋等，2020）。因此，本书对智能制造企业商业模式进行理论分类，是对已有商业模式分类研究在研究情境上的拓展。此外，本书从服务化和数字化两个维度对智能制造企业商业模式进行了分类，这在很大程度上缓解了以往制造业服务化与数字化割裂的状态，从商业模式的视角促进了对二者关系的讨论（Paschou et al.，2020；Rymaszewska et al.，2017）。

（2）基于适应性结构化理论，本书揭示了智能制造企业商业模式前因组态，丰富了商业模式影响因素的讨论，在研究内容上具有创新性。本书在对智能制造企业商业模式进行分类的基础上，通过整合现有研究文献，充分考虑智能制造的现实情境，提炼了影响智能制造企业商业模式形成的六个条件并开展了实证分析，不仅是对已有关于商业模式影响因素研究文献的丰富和扩展（Foss，Saebi，2017；吴晓波、赵子溢，2017），而且也为深入理解不同类型智能制造企业商业模式形成的机制提供了理论洞见。首先，本书在影响因素的选取上参考了现有关于商业模式影响因素的系列讨论，更为重要的是，与现有大多研究不同，本书立足于智能制造情境和已构建的智能制造企业商业模式分类理论框架，遵循"先进信息技术导致组织结构（商业模式）变革"的逻辑，以适应性结构化理论为基础，识别出影响智能制造企业商业模式的重要因素。笔者所提炼的六个条件可以说是对现有研究讨论的整合（Henfridsson et al., 2018；Kindermann et al., 2020；刘祎、王玮，2019；谢卫红等，2018；曾萍等，2016），也是对适应性结构化理论在智能制造情境下的深化和拓展应用。

一方面，过往研究对商业模式的影响大多围绕特定层面（如个体、组织、行业等），本书在吸收已有研究观点的基础上，兼顾先进信息技术结构即数字技术（数字化基础设施、数字化导向）、企业内部因素（高管团队异质性、服务化）、外部因素（政府支持、顾客需求不确定性）的综合影响，同时也体现了微观（高管团队异质性）、中观（顾客需求）、宏观（政府支持）多层次的影响。事实上，有学者在全面梳理总结商业模式研究成果时，呼吁学术界应兼顾来自多层次的影响（Foss, Saebi, 2017）。另一方面，过往研究大多遵从线性回归的做法，具体分析某特定变量给企业商业模式带来的净效应（Zott, Amit, 2007），虽然这类研究能够为学术界全面认识影响商业模式形成的因素提供积极的参考，且这类研究在早期的主流研究中占据了很大比例，但近年来学术界越来越多的学者开始质疑这类研究中所谓的"因果关系"逻辑，而商业模式本身作为一种构型概念（Zott, Amit, 2007），也是作为复杂适应性系统而存在（吕鸿江等，2016），商业模式的形成与变革是企业内外兼修的过程（吴晓波、赵子溢，2017），引发了部分文献开始从组态视角分析制造企业商业模式的影响因素（王水莲等，2020）。本书研究结果不仅是对上述研究观点的回应和检验，而且所获得的结果以组态形式呈现，与本书关于智能制造企业商业模式的理论分类进行呼应并互为补充，有助于推动学术界以组态或全局式角度分析和理解智能制造企业商业模式形成的背后机理。

（3）本书从构型视角丰富和拓展了企业商业模式与绩效的关系，拓展了组织构型理论的应用范围和边界，在理论上具有一定的创新性。学术界关于商业模式与企业绩效之间的关系已积累了丰富的研究（Zott, Amit, 2007；胡保亮等，2020；王素娟、王建智，2016）。这些研究大多采用国外早期商业模式的测量量表，以问卷调查为主要方式探讨企业商业模式与绩效的关系，或许由于情境的不同，部分研究出现结论不一的现象。例如，早期的研究指出效率型商业模式并不能为企业带来显著的绩效增长，若企业同时实施多种商业模式反而有可能给企业带来负面影响（Zott，Amit，2007）。在随后的研究中，这类研究观点受到了挑战，尤其是在新兴市场国家，企业商业模式无论是强调效率还是创新，都有可能正向影响企业绩效（蔡俊亚、党兴华，2015；王素娟、王建智，2016）。本书从构型的角度，分析不同类型的智能制造企业商业模式与企业绩效的关系，细致刻画了处于不同服务化程度和数字化水平的智能制造企业商业模式及其价值创造的差异化结果，有利于为处于不同的数字化水平、组织要素配置以及市场环境的智能制造企业提供理论启发，即对智能制造企业实现理论上的分类提供指导。研究结论同时也有助于为现有商业模式与绩效关系结论不一的现象提供不同视角的解释。此外，本书从构型的角度展开分析，不仅从研究范式层面拓展了商业模式与绩效二者间的讨论，而且也是构型理论在商业模式研究领域的拓展和丰富，此外也响应了学术界所倡导的以更为整合的视野来辩证看待商业模式与企业绩效的关系（Leppänen et al.，2021）。

（4）本书集多种研究方法对所研究的问题展开分析，既保证了研究的逻辑连贯性，也为研究结论的科学性提供了保障，具有一定的创新性。本书在分析智能制造企业商业模式前因组态过程中采用定性比较分析（QCA）与NCA相结合的研究方法，开展了细粒度更小的分析。不可否认的是，定性比较分析方法已获得了管理学研究领域的广泛认同，相关研究成果也不断涌现。但近几年来，学术界倡导开展更为细致的复杂因果关系的研究。NCA被视为是对QCA必要性条件分析的重要补充，二者结合使用能够对必要条件进行更全面的分析，进一步保障研究结论的稳健性。本书的做法不仅是对推进和深化应用定性比较分析方法呼吁的响应（杜运周等，2021），而且也从更为整合的视角丰富和拓展了商业模式的影响因素研究（王水莲等，2020）。在对数字化导向的测量方面，本书结合智能制造企业的现实情境，采用文本分析方法进行测量，为刻画智能制造企业在数字化投入的"想做"上提供了可操作的测量方式。此外，本书还采用了OLS回归分析方法对智能制造企业商业模式对绩效的影响进行了分析，结合定性比较分析方法，全面揭示了智能制造企业商业模式的前因与后果，从而保障了研究的连贯性。总体上，本书呈现综合使用多种研究方法的特征，具有一定的创新性。

7.3 管理启示

本书对于智能制造企业在商业模式类型识别、选择以及商业模式实施等实践方面具有积极理论借鉴意义，有助于企业在推进智能制造的过程中更好地探索和发掘新的商业价值。同时，对那些努力迈向智能制造的传统制造企业来说，本书的研究也能为其提供积极的理论参考和启示。

（1）智能制造企业在商业模式的选择方面应该找好自己的定位，保持审慎态度，而不是随大流或盲目模仿。大多智能制造企业已在设计、生产制造和后续服务等方面开展了数字化或智能化探索和实践，相较于传统制造企业，已具备了一定的数字化基础和优势。商业模式是所有智能制造企业无法回避的重大议题。智能制造企业需意识到企业的商业模式应该具有典型的数字化特征，这是较传统制造企业商业模式的优势。因此，智能制造企业在推进数字化、智能化改造的过程中应将数字化理念与价值创造逻辑进行结合，思考如何构建健康、持续的价值创造体系。

本书在清晰定义智能制造企业商业模式的基础上，从服务化和数字化两个维度对智能制造企业商业模式类型进行了探索。分类结果表明，智能制造企业不仅要关注服务化这一制造业发展的大趋势，而且应该思考如何将服务化与现有的数字化水平进行匹配和结合。落实到具体的实践层面，即应尤为关注以数字化基础设施为重要支撑的工业大数据集成与应用现状，以及思考如何嵌入或融合企业现有的关键业务或服务化转型。尽管智能制造企业的服务化程度和数字化水平存在差异，但服务化与数字化二者间的相互作用深刻影响着制造企业的价值创造逻辑。从某种意义上说，服务化与数字化能够作为智能制造企业选择商业模式的标尺，智能制造企业或许应该更多地思考如何利用好这两把标尺，以更加有效率的方式开展各项业务，以更高效、更紧密的方式联结利益相关者，积极推动企业探索新的价值创造活动。

目前，我国制造企业总体上仍处于智能制造的初级阶段和服务化转型的探索阶段，本书从理论上构建的四种智能制造企业商业模式，能够为指导企业实践提供一定的理论启发。商业模式是一项系统工程，选择商业模式切勿盲目跟风和随大流，智能制造企业可以根据服务化和数字化情况全面评估现有商业模式。在评估的基础上，智能制造企业还应该从现有关键业务、与顾客等利益相关者关系，以及价值创造活动中的治理机制等出发，更为全面地思考这些方面的内容是否与现有价值逻辑一致,从而为优化、升级现有模式提供参考。需要说明的是,商业模式的演变与发展具有动态性,本书所构建的智能制造企业商业模式分类框架下的特定模式并非一成不变,一旦服务化程度或数字化水平发生变化,其商业模式的内涵也随之发生变化。

(2) 智能制造企业商业模式的调整、优化和变革应考虑数字化、企业内部、外部三个方面因素共同作用的综合影响。本书对智能制造企业商业模式前因组态的分析,为理解智能制造企业价值创造体系形成的背后逻辑提供了全景式的理论参考。如前所述,服务化与数字化能够作为选择智能制造企业商业模式的重要标尺,作为宏大的价值创造概念,商业模式跨越了企业乃至行业的边界,除服务化与数字化之外,智能制造企业商业模式的形成、变革同时还受到其他诸多因素的影响。除服务化和数字化基础设施之外,数字化导向、高管团队、来自政府的支持和顾客需求的不确定性是智能制造企业应重点留意的方面。进一步而言,这些因素并非仅仅以线性的方式影响智能制造企业价值创造逻辑,而是以联合作用或协同作用的形式释放影响力,这些因素的联合作用甚至形塑和深化了智能制造企业商业模式的内涵。因此,对于智能制造企业来说,应以全局式视野理解商业模式的形成、调整或变革的内在机制。

从具体的智能制造企业商业模式类型来看,实施增强型商业模式的智能制造企业往往处于没有服务化、数字化水平低的情境。从构型特点来看,增强型商业模式表现了数字化领导或依赖高管驱动的特点,也就是说,这种模式要想保持持续的绩效增长,有必要充分调动高层管理团队并不断灌输数字化理念,在企业高层培育数字化文化并积极将数字理念融入企业战略。更为具体地讲,由于增强型商业模式的数字化水平较低,企业应强化产品主导业务,着力提升产品质量,保障产品品质,充分关注政府政策导向,提供响应国家战略需求和满足人民对美好生活向往的优质产品。在商业模式结构方面,企业应及时回应顾客的需求变化和关切,构建良好的顾客关系,定期维护与供应商等利益相关者的关系。

适应型商业模式处于无服务化但数字化水平高的区域,具有典型的技术拉动的特征。实施适应型商业模式的智能制造企业往往处于顾客需求不确定性高的市场环境下,而数字化恰恰能帮助企业有效应对这一问题,实现对变化的环境的适应。当然,这个过程中来自政府的支持也显得尤为重要。进一步而言,这类模式下的企业主营依然以产品为主,可以充分发挥企业高管引领战略和推动业务的关键作用,同时,企业还可以充分利用数字化技术对顾客、合作伙伴进行更好的关系维护和管理，提升业务互动的效率。

对于已经实质性涉足服务化但数字化水平较低的智能制造企业来说，其商业模式属于典型的延伸型商业模式，这种延伸很大程度上就是服务化的推进将企业的关键业务延伸到其他领域或其他细分行业。鉴于数字化水平的局限性，这类企业可以通过继续加强企业高层团队的数字化理念，强化高层的引导或一把手的角色作用以保证商业模式的有效实施。更为具体地讲，延伸型商业模式的数字化水平较低，商业模式结构以数字化嵌入型结构为主，也就是说，企业在向顾客提供咨询、解决方案等服务化业务时，可以尝试利用已有的数字技术并在服务化过程中发挥其辅助作用，提高服务内容传递、提供的效率。对企业高层来说，需在战略层面强化数字化意识，弥补数字化水平不高的短板，同时，以数字化理念为指导，加强企业高管团队成员对价值创造活动的管控力度。

而当智能制造企业的服务化和数字化水平都处于高的状态时，企业的价值创造逻辑表现为复杂型商业模式，此时的商业模式在内容、结构、治理等方面都发生重要变化，整体上呈现为数字服务化商业模式的形态，价值创造内容、路径变得多元化，更多以平台或生态作为价值创造的载体和场景。同时，智能制造企业往往处于核心地位，对企业来说，应该同时增强获得企业内外部资源的能力以及应对环境变化的韧性。具体而言，复杂型商业模式结构具有典型的制度主导型特征，这是因为，复杂型商业模式往往是以工业互联网平台为代表的平台模式，深受国家政府部门的关注和大力支持。对此，制造企业应充分利用政策红利，不断积累平台资源并发挥平台的规模效应，吸引更多的利益主体进入平台并开展价值创造活动。在这个过程中，依托平台技术，推进数据治理模式，成立以核心企业高管为平台监管与治理主要责任人的管控机制，或根据行业情境和国家战略需求，发挥核心企业与政府对平台进行共同监管的积极效应。

（3）智能制造企业在商业模式实践中应强化核心业务，以长期主义的心态拥抱服务化和数字化。从实证分析结果来看，相较于延伸型，增强型和适应型商业模式更有可能为企业赢得绩效回报。增强型和适应型商业模式是以没有实质性服务化为代表的制造企业，对智能制造企业的管理启示在于，尽管广大智能制造企业处于智能制造的初级阶段，但制造企业若能坚守初心，做好主营，努力改善和提升核心产品的功能和质量，发挥企业内部制度、资源优势，在当前的环境下是能够为企业带来积极的绩效增长的。当然，随着制造企业的数字化水平逐渐提高,企业应将数字技术积极融入价值创造活动,不仅能够增强企业商业模式对外部环境的适应性,而且能带来积极的市场绩效和财务绩效。

当智能制造企业的数字化水平较低,但尝试向服务化领域延伸时,可能需要注意的是,服务化转型是制造企业的发展趋势,在服务化转型过程中能够显著拉近与顾客的距离,有利于构建良好的顾客关系,从而为企业赢得良好的市场绩效。但也应注意的是,服务化转型过程中也有可能增加企业对相关资源、能力的投入,以及面临来自新市场、新领域的不确定性风险,从而在短期内会负向影响企业的财务绩效。

实施复杂型商业模式的智能制造企业,其服务化程度和数字化水平都较高,理论上,这应是智能制造企业相对而言高水平的商业模式。但从短期来看,这类商业模式并不能给企业带来积极的市场绩效和财务绩效。在这个过程中,智能制造企业需要注意的是,一是关注数字化与服务化二者间的匹配,只有当二者进行有效匹配时,商业模式才有可能释放巨大的价值,也就是说,倘若企业的数字化投入与服务化各行其是,不能实现有效的匹配和融合,则有可能出现"服务化悖论"与"数字化悖论"同时存在的现象,从而不利于市场绩效和财务绩效的增长。二是复杂型商业模式的构建和实施,本身就需要大量的资源、时间等要素的投入,甚至需要构建包含顾客、供应商、政府、合作伙伴在内的生态系统来进行价值传递,设计多元化的价值创造机制来获取相应的价值(Chen et al., 2021),这对商业模式的结构优化、商业模式治理机制的创新都提出了更高的要求。因此,在短期内难以有效地给企业创造积极的绩效。对此,具备长期主义发展理念,全面、扎实推进商业模式的实施,将更有利于企业实现蜕变和跨越发展。

(4)本书为传统制造企业实施服务化转型和数字化转型提供积极的理论借鉴。当前,制造企业正经受转型升级和不断向高质量发展的压力,而大力推进智能制造业已成为实现我国制造业转型升级与创新发展目标的主要路径。尤其是新一代信息技术的全方位渗透不断推动智能制造,重塑了制造企业传统的生产方式、组织结构及商业模式。由此可见,传统制造企业如何转型升级并向智能制造迈进依然是当前亟待解决的重大课题。本书从商业模式的视角切入,相关研究结论能够为解决这一课题提供一定的理论借鉴。

首先,制造企业转型升级涉及的领域是全方位的,但商业模式无疑可以作为极其关键的内容,企业应重点关注并以商业模式的选择、调整、升级为重要抓手进行全面的思考。相关研究也早已指出，商业模式已成为企业转型升级，尤其是数字化转型过程中必然面临和解决的重要议题（刘洋等，2020；谢卫红等，2020）。传统制造企业可以通过商业模式的转型升级带动促进整个企业的转型升级，但需要看到的是，这并非一蹴而就，而是需要不断地调整和优化。制造企业可以围绕企业现有的痛点，聚焦核心业务，选择适宜的切入点对现有价值创造活动进行重新配置或变革已有的价值创造逻辑，从而达到推动企业商业模式变革的目的。

其次，无论是学术界还是实践界，对于服务化、服务型制造的呼吁已长达多年，但时至今日依然有相当多的制造企业将服务化制造停留在观念层面，缺乏实质性行动和成果落地。当前数字化革命浪潮方兴未艾，数字化已经成为企业生存的条件。因此，企业不能只局限于服务化的布局，而是应该做到服务化与数字化"两手抓"。企业有必要积极思考服务化与数字化二者如何结合才能产生化学反应，进而为企业在商业模式选择、演化等方面提供参考。需要注意的是，在这个过程中企业不应落入"为数字化而数字化"的窠臼，对数字化的软硬件设施的投入诚然是有益于企业不断实现数字化、网络化、智能化的，但更应该关注企业内外部数据的集成和工业大数据的形成和利用。单纯地对数字化进行投资短期内有可能无法给企业带来立竿见影的效果。正如安筱鹏所言，数字化转型的实质是通过数据自动流动来降低复杂系统的不确定性，从而提高企业资源优化配置效率并形成新型竞争优势（安筱鹏，2019）。企业智能制造本身就是一项高投入且需要长期积累才有可能获得与预期相符的回报。这有可能让绝大多数制造企业望而却步。此时，制造企业可以充分利用外部数字化基础设施（如行业平台、第三方云平台等），同时结合自身的业务特点积极推动数字化转型。

最后，积极开展顶层设计，凝聚高层管理团队的力量和统一思想，发挥高管团队在资源配置、能力构建、行业机会把握等多方面的主导作用。同时在公司内部着力营造服务化、数字化的创新氛围，使这种观念不断获得强化并融入企业文化。本书在对上市公司年报数据进行收集和整理的过程中发现，相当多的制造企业，包括一些大型优秀制造企业，尽管在服务型制造领域深耕多年且成果颇丰，但在其年报的主营业务收入构成中并未看到有关服务化的具体收入。虽然企业拥有自身固有的年报编写格式，但从某种程度上可以反映，企业的服务化观念依然淡薄，形式大于实质，这也是传统制造企业应该思考和避免的地方。

7.4 研究局限与未来研究展望

本书对智能制造企业商业模式的类型、前因及绩效关系进行了较为全面的探索，为推动智能制造企业商业模式的识别、选择、升级演化等提供了积极的理论参考。然而，鉴于多方面因素，本书依然存在着部分研究局限，这些研究不足同时也为未来进一步研究提供有益的思考。概括而言，主要体现在以下三个方面。

第一，本书基于服务化与数字化两个维度将智能制造企业商业模式进行了理论分类。然而在实践中服务化商业模式与数字化商业模式两类模式同时存在，这两类商业模式之间是否会存在相互抑制的作用，这两类商业模式间的相互作用是否会影响各自模式的演进等等，本书并未对这些问题展开深入探索。笔者在前期的数据收集工作中发现，一些企业在特定时间范围内，存在服务化有无更替的现象，这在已有文献中也有体现（Cusumano et al., 2015；Visnjic et al., 2019）。尽管本书收集固定年份段的数据进行分析以尽量回避这一现象，但未来研究可以进一步结合企业的资源、行业情境等特征展开更为动态的研究，以清晰描绘不同类型智能制造企业商业模式之间的转化和演变。此外，工业互联网平台的兴起，为那些数字化基础设施薄弱的制造企业提供了数字化转型的有效途径，可以有效弥补制造企业数字化软硬件设施不足的短板。在数据分析过程中，本书对那些数字化基础设施不完善的企业是否通过第三方（如工业互联网平台）来推进智能制造继而影响商业模式的探讨尚不深入。未来可以通过案例研究等方式开展更为详细的探讨。

第二，本书以适应性结构化理论为理论基础，从组态视角采用 fsQCA 的方法分析了智能制造企业商业模式的前因组态。本书在理论上将智能制造企业商业模式细分为四种类型，但并未将四种类型模式的前因进行单独分析，而是聚焦智能制造企业商业模式的本体，从集合论的角度将所得组态构型与理论分类进行对应。这也无法回避一个问题，即不同类型的商业模式的影响因素有可能不尽相同。未来可以在这个基础上对前因条件选择进行更为全面的考虑和分析。进一步而言，较传统线性回归的做法不同，本书采用定性比较分析的方法揭示前因条件对结果变量的联合作用。尽管本书所选择的六个条件是基于适应性结构化理论和已有研究文献得出，但实际上，这六个条件彼此之间也存在着相互作用的关系，例如，数字化基础设施为促进服务化提供了数字化资源和基础，政府支持又会影响企业的数字化导向和管理者行动等等。虽然上述问题并非本书要探讨的重点，但未来研究中可以尝试进行一定的分析和探索。

第三，本书的研究对象为智能制造企业，在参考现有成熟做法的基础上从上市公司中筛选样本企业进行分析，但依然存在两个方面的缺憾：一是本书最终选取415家智能制造企业作为分析样本，样本企业覆盖多个制造行业领域，覆盖了离散型制造和流程型制造两大制造模式。事实上，离散型、流程型制造企业商业模式的形成在资源、能力、各环节的数字化水平以及服务化程度等方面的要求存在着很大的差异（卢阳光等，2019）。鉴于此，未来研究可以将离散型、流程型制造企业进行对比分析以发掘更多的新发现；二是在确定企业服务化类型的过程中，虽然本书参照主流研究的做法，利用年报数据对主营业务收入构成中服务化业务收入进行筛选和确定，但在这个过程中笔者发现，许多智能制造企业并未明确列明与服务相关的收入数据，这导致部分样本企业，包括少量大型优秀企业在分类过程中有可能出现偏差。未来可以针对这一客观现象采取更为多元化的渠道进行数据收集、分析，从而使分析结果更具普适性。

参考文献

[1] 赵剑波. 推动新一代信息技术与实体经济融合发展：基于智能制造视角[J]. 科学学与科学技术管理, 2020, 41 (3): 3-16.

[2] 肖静华, 吴小龙, 谢康, 等. 信息技术驱动中国制造转型升级：美的智能制造跨越式战略变革纵向案例研究[J]. 管理世界, 2021, 37 (3): 161-179.

[3] 周济. 智能制造："中国制造2025"的主攻方向[J]. 中国机械工程, 2015, 26 (17): 2273-2284.

[4] FRANK A G, DALENOGARE L S, AYALA N F. Industry 4.0technologies: implementation patterns in manufacturing companies [J]. International Journal of Production Economics, 2019, 210 (4): 15-26.

[5] MÜNCH C, MARX E, BENZ L. Capabilities of digital servitization: evidence from the socio-technical systems theory [J]. Technological Forecasting and Social Change, 2022.

[6] IBARRA D, GANZARAIN J, IGARTUA. J I. Business model innovation through industry 4.0: a review [J]. Procedia Manufacturing, 2018, 22: 4-10.

[7] HENFRIDSSON O, NANDHAKUMAR J, SCARBROUGH H. Recombination in the open-ended value landscape of digital innovation [J]. Information and Organization, 2018, 28 (2): 89-100.

[8] BURSTRÖM T, PARIDA V, LAHTI T. AI-enabled business-model innovation and transformation in industrial ecosystems: a framework, model and outline for further research [J]. Journal of Business Research, 2021, 127: 85-95.

[9] HAAKER T, LY P T M, NGUYEN-THANH N. Business model innovation through the application of the Internet-of-Things: a comparative analysis [J]. Journal of Business Research, 2021, 126 (C): 126-136.

[10] ZOTT C, AMIT R. Business model innovation: how to create value in a digital world [J]. NIM Marketing Intelligence Review, 2017, 9 (1): 18-23.

[11] 曾锵. 大数据驱动的商业模式创新研究[J]. 科学学研究, 2019, 37 (6): 1142-1152.

[12] 李文莲, 夏健明. 基于"大数据"的商业模式创新[J]. 中国工业经济, 2013, (5): 83-95.

[13] HARTMANN P M, ZAKI M, FELDMANN N. Capturing value from big data – a taxonomy of data-driven business models used by start-up firms [J]. International Journal of Operations & Production Management, 2016, 36 (10): 1382-1406.

[14] VENDRELL HERRERO F, PARRY G, BUSTINZA O F. Digital business models: taxonomy

and future research avenues [J]. Strategic Change, 2018, 27 (2): 87-90.

[15] WEILL P, WOERNER S L. Optimizing your digital business model [J]. MIT Sloan Management Review, 2015, 53 (3): 28-36.

[16] SJÖDIN D, PARIDA V, VISNJIC I. How can large manufacturers digitalize their business models? a framework for orchestrating industrial ecosystems [J]. California Management Review, 2022, 64 (3): 49-77.

[17] ZHOU J, LI P, ZHOU Y. Toward new-generation intelligent manufacturing [J]. Engineering, 2018, 4 (1): 11-20.

[18] REMANE G, HANELT A, TESCH J F. The business model pattern database: a tool for systematic business model innovation [J]. International Journal of Innovation Management, 2017, 21 (1): 1-61.

[19] FOSS N J, SAEBI T. Fifteen years of research on business model innovation: how far have we come, and where should we go? [J]. Journal of Management, 2017, 43 (1): 200-227.

[20] 李鸿磊. 基于价值创造视角的商业模式分类研究：以三个典型企业的分类应用为例 [J]. 管理评论, 2018, 30 (4): 257-272.

[21] 原磊. 商业模式分类问题研究 [J]. 中国软科学, 2008 (5): 35-44.

[22] 安筱鹏. 重构：数字化转型的逻辑 [M]. 北京：电子工业出版社, 2019.

[23] GUGGENBERGER T, MÖLLER F, BOUALOUCH K. Towards a unifying understanding of digital business models [C]. PACIS, 2020: 70.

[24] METALLO C, AGRIFOGLIO R, SCHIAVONE F. Understanding business model in the internet of things industry [J]. Technological Forecasting and Social Change, 2018, 136 (11): 298-306.

[25] WEKING J, STOCKER M, KOWALKIEWICZ M. Archetypes for industry 4.0 business model innovations [C]. Twenty-fourth Americas Conference on Information Systems (AMCIS 2018), 2018.

[26] CHESBROUGH H. Business model innovation: opportunities and barriers [J]. Long Range Planning, 2010, 43 (2-3): 354-363.

[27] TEECE D J. Business models, business strategy and innovation [J]. Long Range Planning, 2010, 43 (2-3): 172-194.

[28] 孙新波, 苏钟海. 数据赋能驱动制造业企业实现敏捷制造案例研究 [J]. 管理科学, 2018, 31 (5): 117-130.

[29] 肖静华, 李文韬. 智能制造对企业战略变革与创新的影响：资源基础变革视角的探析 [J]. 财经问题研究, 2020 (2): 38-46.

[30] VISNJIC I, RINGOV D, ARTS S. Which service? how industry conditions shape firms service-type choices [J]. Journal of Product Innovation Management, 2019, 36 (3): 381-407.

[31] AMIT R, ZOTT C. Crafting business architecture: the antecedents of business model design [J]. Strategic Entrepreneurship Journal, 2015, 9 (4): 331-350.

[32] 吴晓波, 赵子溢. 商业模式创新的前因问题: 研究综述与展望 [J]. 外国经济与管理, 2017, 39 (1): 114-127.

[33] 谢卫红, 李忠顺, 苏芳, 等. 高管支持、大数据能力与商业模式创新 [J]. 研究与发展管理, 2018, 30 (4): 152-162.

[34] ZOTT C, AMIT R. The fit between product market strategy and business model: implications for firm performance [J]. Strategic Management Journal, 2008, 29 (1): 1-26.

[35] RAGIN C C. The comparative method [M]. Oakland: University of California Press, 2014.

[36] 杜运周, 贾良定. 组态视角与定性比较分析 (QCA): 管理学研究的一条新道路 [J]. 管理世界, 2017 (6): 155-167.

[37] 杜运周, 李佳馨, 刘秋辰, 等. 复杂动态视角下的组态理论与QCA方法: 研究进展与未来方向 [J]. 管理世界, 2021, 37 (3): 180-197.

[38] ZOTT C, AMIT R. Business model design and the performance of entrepreneurial firms [J]. Organization Science, 2007, 18 (2): 181-199.

[39] 蔡俊亚, 党兴华. 商业模式创新对财务绩效的影响研究: 基于新兴技术企业的实证 [J]. 运筹与管理, 2015, 24 (2): 272-280.

[40] 洪进, 杨娜娜, 杨洋. 商业模式设计对新创企业创新绩效的影响 [J]. 中国科技论坛, 2018 (2): 120-127.

[41] LEPPÄNEN P, GEORGE G, ALEXY O. When do novel business models lead to high firm performance? a configurational approach to value drivers, competitive strategy, and firm environment [J]. Academy of Management Journal, 2021.

[42] ZHOU J, ZHOU Y, WANG B. Human-cyber-physical systems (HCPSs) in the context of new-generation intelligent manufacturing [J]. Engineering, 2019, 5 (4): 624-636.

[43] BHARADWAJ A, EL SAWY O A, PAVLOU P A. Digital business strategy: toward a next generation of insights [J]. MIS Quarterly, 2013, 37 (2): 471-482.

[44] VIAL G. Understanding digital transformation: a review and a research agenda [J]. The Journal of Strategic Information Systems, 2019, 28 (2): 118-144.

[45] CIRIELLO R F, RICHTER A, SCHWABE G. Digital innovation [J]. Business & Information Systems Engineering, 2018, 60 (6): 563-569.

[46] YOO Y, HENFRIDSSON O, LYYTINEN K. Research commentary: the new organizing logic of digital innovation: an agenda for information systems research [J]. Information Systems Research, 2010, 21 (4): 724-735.

[47] HUANG J, HENFRIDSSON O, LIU M J. Growing on steroids: rapidly scaling the user base of digital ventures through digital innovation [J]. MIS Quarterly, 2017, 41 (1): 301-314.

[48] ZHOU Y, ZANG J, MIAO Z. Upgrading pathways of intelligent manufacturing in China: transitioning across technological paradigms [J]. Engineering, 2019, 5 (4): 691-701.

[49] AMIT R, ZOTT C. Value creation in e-business [J]. Strategic Management Journal, 2001, 22 (6-7): 493-520.

[50] ABRELL T, PIHLAJAMAA M, KANTO L. The role of users and customers in digital innovation: insights from B2B manufacturing firms [J]. Information & Management, 2016, 53 (3): 324-335.

[51] NAMBISAN S, LYYTINEN K, MAJCHRZAK A. Digital innovation management: reinventing innovation management research in a digital world [J]. MIS Quarterly, 2017, 41 (1): 223-238.

[52] FICHMAN R G, DOS SANTOS B L, ZHENG Z. Digital innovation as a fundamental and powerful concept in the information systems curriculum [J]. MIS Quarterly, 2014, 38 (2): 315-329.

[53] PORTER M E, HEPPELMANN J E. How smart, connected products are transforming competition [J]. Harvard Business Review, 2014, 92 (11): 64-88.

[54] YOO Y, BOLAND JR R J, LYYTINEN K. Organizing for innovation in the digitized world [J]. Organization Science, 2012, 23 (5): 1398-1408.

[55] ZOTT C, AMIT R. Business model design: an activity system perspective [J]. Long Range Planning, 2010, 43 (2-3): 216-226.

[56] AMSHOFF B, DÜLME C, ECHTERFELD J. Business model patterns for disruptive technologies [J]. International Journal of Innovation Management, 2015, 19 (3): 1-22.

[57] SCHWIEGER D, MELCHER A, RANGANATHAN C. Appropriating electronic billing systems: adaptive structuration theory analysis [J]. Human Systems Management, 2004, 23 (4): 235-243.

[58] MEYER J P, ALLEN N J, SMITH C A. Commitment to organizations and occupations: extension and test of a three-component conceptualization [J]. Journal of Applied Psychology, 1993, 78 (4): 538-551.

[59] FISS P C. A set-theoretic approach to organizational configurations [J]. Academy of Management Review, 2007, 32 (4): 1180-1198.

[60] FISS P C. Building better causal theories: a fuzzy set approach to typologies in organization research [J]. Academy of Management Journal, 2011, 54 (2): 393-420.

[61] MISANGYI V F, ACHARYA A G. Substitutes or complements? a configurational examination of corporate governance mechanisms [J]. Academy of Management Journal, 2014, 57 (6): 1681-1705.

[62] 杜运周, 刘秋辰, 程建青. 什么样的营商环境生态产生城市高创业活跃度?: 基于制度

组态的分析［J］. 管理世界, 2020, 36（9）: 141-155.

［63］张明, 杜运周. 组织与管理研究中 QCA 方法的应用: 定位、策略和方向［J］. 管理学报, 2019, 16（9）: 1312-1323.

［64］DUL J, VAN DER LAAN E, KUIK R. A statistical significance test for necessary condition analysis［J］. Organizational Research Methods, 2020, 23（2）: 385-395.

［65］KINDERMANN B, BEUTEL S, DE LOMANA G G. Digital orientation: conceptualization and operationalization of a new strategic orientation［J］. European Management Journal, 2020, 39（5）: 645-657.

［66］TAN H T, YING WANG E, ZHOU B O. When the use of positive language backfires: the joint effect of tone, readability, and investor sophistication on earnings judgments［J］. Journal of Accounting Research, 2014, 52（1）: 273-302.

［67］RAJA J Z, BOURNE D, GOFFIN K. Achieving customer satisfaction through integrated products and services: an exploratory study［J］. Journal of Product Innovation Management, 2013, 30（6）: 1128-1144.

［68］VARGO S L, LUSCH R F. Evolving to a new dominant logic for marketing［J］. Journal of Marketing, 2004, 68（1）: 1-17.

［69］许晖, 张海军. 制造业企业服务创新能力构建机制与演化路径研究［J］. 科学学研究, 2016, 34（2）: 298-311.

［70］CORTIMIGLIA M N, GHEZZI A, FRANK A G. Business model innovation and strategy making nexus: evidence from a cross-industry mixed-methods study［J］. R&D Management, 2016, 46（3）: 414-432.

［71］AYALA N F, PASLAUSKI C A, GHEZZI. A. Knowledge sharing dynamics in service suppliers' involvement for servitization of manufacturing companies［J］. International Journal of Production Economics, 2017, 193（11）: 538-553.

［72］KASTALLI I V, VAN LOOY B, NEELY A. Steering manufacturing firms towards service business model innovation［J］. California Management Review, 2013, 56（1）: 100-123.

［73］MARTINEZ V, NEELY A, VELU C. Exploring the journey to services［J］. International Journal of Production Economics, 2017, 192（10）: 66-80.

［74］FALKENRECK C, WAGNER R. The Internet of things – chance and challenge in industrial business relationships［J］. Industrial Marketing Management, 2017, 66（10）: 181-195.

［75］LAUDIEN S M, DAXBÖCK B. The influence of the industrial internet of things on business model design: a qualitative-empirical analysis［J］. International Journal of Innovation Management, 2016, 20（8）: 1-28.

［76］PAIOLA M, GEBAUER H. Internet of things technologies, digital servitization and business model innovation in BtoB manufacturing firms［J］. Industrial Marketing Management, 2020,

89（8）：245 - 264.

［77］ VISNJIC I WIENGARTEN F, NEELY A. Only the brave：product innovation, service business model innovation, and their impact on performance［J］. Journal of Product Innovation Management，2016，33（1）：36 - 52.

［78］ 肖挺. 制造企业服务化商业模式与产品创新投入的协同效应检验："服务化悖论"的一种解释［J］. 管理评论，2019，31（7）：274 - 285.

［79］ 张睿君，陈菊红，吴迪. 制造企业服务化战略与运维商业模式创新的匹配：基于多案例的研究［J］. 管理评论，2020，32（2）：308 - 326.

［80］ 戴亦舒，叶丽莎，董小英，等. CPS与未来制造业的发展：中德美政策与能力构建的比较研究［J］. 中国软科学，2018（2）：11 - 20.

［81］ VELAMURI V K, BANSEMIR B, NEYER A. Product service systems as a driver for business model innovation：lessons learned from the manufacturing industry［J］. International Journal of Innovation Management，2013，17（1）：1 - 25.

［82］ GEBAUER H, REN G J, VALTAKOSKI A. Service-driven manufacturing：provision, evolution and financial impact of services in industrial firms［J］. Journal of Service Management，2012，23（1）：12 - 26.

［83］ TIAN J, COREYNEN W, MATTHYSSENS P. Platform-based servitization and business model adaptation by established manufacturers［J］. Technovation，2021.

［84］ EGGERT A, HOGREVE J, ULAGA W. Revenue and profit implications of industrial service strategies［J］. Journal of Service Research，2014，17（1）：23 - 39.

［85］ RADDATS C, KOWALKOWSKI C, BENEDETTINI O. Servitization：a contemporary thematic review of four major research streams［J］. Industrial Marketing Management，2019，83：207 - 223.

［86］ 陈春花，朱丽，钟皓，等. 中国企业数字化生存管理实践视角的创新研究［J］. 管理科学学报，2019，22（10）：1 - 8.

［87］ CUSUMANO M A, KAHL S J, SUAREZ F F. Services, industry evolution, and the competitive strategies of product firms［J］. Strategic Management Journal，2015，36（4）：559 - 575.

［88］ SKLYAR A, KOWALKOWSKI C, TRONVOLL B. Organizing for digital servitization：a service ecosystem perspective［J］. Journal of Business Research，2019，104：450 - 460.

［89］ 黄丽华，朱海林，刘伟华，等. 企业数字化转型和管理：研究框架与展望［J］. 管理科学学报，2021，24（8）：26 - 35.

［90］ 朱秀梅，刘月，陈海涛. 数字创业：要素及内核生成机制研究［J］. 外国经济与管理，2020，42（4）：19 - 35.

［91］ KUSIAK A. Smart manufacturing must embrace big data［J］. Nature News，2017，544

(7648): 23-25.

[92] CHEN H, CHIANG R H, STOREY V C. Business intelligence and analytics: from big data to big impact [J]. MIS Quarterly, 2012, 36 (4): 1165-1188.

[93] PASCHOU T, RAPACCINI M, ADRODEGARI F. Digital servitization in manufacturing: a systematic literature review and research agenda [J]. Industrial Marketing Management, 2020, 89 (8): 278-292.

[94] 曾萍,李明璇,刘洋. 政府支持、企业动态能力与商业模式创新:传导机制与情境调节 [J]. 研究与发展管理, 2016, 28 (4): 31-38.

[95] SNIHUR Y, ZOTT C. The genesis and metamorphosis of novelty imprints: how business model innovation emerges in young ventures [J]. Academy of Management Journal, 2020, 63 (2): 554-583.

[96] FRANKENBERGER K, SAUER R. Cognitive antecedents of business models: exploring the link between attention and business model design over time [J]. Long Range Planning, 2019, 52 (3): 283-304.

[97] 胡保亮,田萌,闫帅. 高管团队异质性、网络能力与商业模式调适 [J]. 科研管理, 2020, 41 (1): 265-273.

[98] DEMIL B, LECOCQ X. Business model evolution: in search of dynamic consistency [J]. Long Range Planning, 2010, 43 (2-3): 227-246.

[99] TEECE D J. Business models and dynamic capabilities [J]. Long Range Planning, 2018, 51 (1): 40-49.

[100] 吴增源,易荣华,张育玮,等. 新创企业如何进行商业模式创新?:基于内外部新知识的视角 [J]. 中国软科学, 2018 (3): 133-140.

[101] 周飞,孙锐. 基于动态能力视角的跨界搜寻对商业模式创新的影响研究 [J]. 管理学报, 2016, 13 (11): 1674-1680.

[102] 吴东,杨洋,朱培忠. 互补资产专用性、关系治理与商业模式设计 [J]. 科研管理, 2019, 40 (3): 104-113.

[103] SOSNA M, TREVINYO-RODRíGUEZ R N, VELAMURI. S R. Business model innovation through trial-and-error learning: the Naturhouse case [J]. Long Range Planning, 2010, 43 (2-3): 383-407.

[104] 魏泽龙,宋茜,权一鸣. 开放学习与商业模式创新:竞争环境的调节作用 [J]. 管理评论, 2017, 29 (12): 27-38.

[105] 云乐鑫,杨俊,张玉利. 创业企业如何实现商业模式内容创新?:基于"网络—学习"双重机制的跨案例研究 [J]. 管理世界, 2017 (4): 119-137.

[106] 孙永磊,陈劲,宋晶. 企业创新方式选择对商业模式创新的影响研究 [J]. 管理工程学报, 2018, 32 (2): 1-7.

[107] 戴亦兰,张卫国. 动态能力、商业模式创新与初创企业的成长绩效 [J]. 系统工程, 2018, 36 (4): 40-50.

[108] SAEBI T, LIEN L, FOSS N J. What drives business model adaptation? the impact of opportunities, threats and strategic orientation [J]. Long Range Planning, 2017, 50 (5): 567-581.

[109] CARLBORG P, KINDSTRÖM D, KOWALKOWSKI C. The evolution of service innovation research: a critical review and synthesis [J]. The Service Industries Journal, 2014, 34 (5): 373-398.

[110] 吴晓波,许宏啟,杜朕安,等. 感知的环境不确定性对企业商业模式创新的影响研究: 高管连带的调节作用 [J]. 管理工程学报, 2019, 33 (4): 216-225.

[111] 郭海,沈睿. 环境包容性与不确定性对企业商业模式创新的影响研究 [J]. 经济与管理研究, 2012 (10): 97-104.

[112] NEMET G F. Demand-pull, technology-push, and government-led incentives for non-incremental technical change [J]. Research Policy, 2009, 38 (5): 700-709.

[113] MA Z, YU M, GAO C. Institutional constraints of product innovation in China: evidence from international joint ventures [J]. Journal of Business Research, 2015, 68 (5): 949-956.

[114] 刘洋,董久钰,魏江. 数字创新管理: 理论框架与未来研究 [J]. 管理世界, 2020, 36 (7): 198-217.

[115] 王烽权,江积海,王若瑾. 人工智能如何重构商业模式匹配性? [J]. 外国经济与管理, 2020, 42 (7): 48-63.

[116] VOLBERDA H W, KHANAGHA S, BADEN-FULLER C. Strategizing in a digital world: overcoming cognitive barriers, reconfiguring routines and introducing new organizational forms [J]. Long Range Planning, 2021, 54 (5): 1-18.

[117] 周勇,赵聃,刘志迎. 我国智能制造发展实践及突破路径研究 [J]. 中国工程科学, 2022, 24 (2): 1-8.

[118] 杨特,赵文红,李颖. 创业者经验宽度、深度对商业模式创新的影响: 创业警觉的调节作用 [J]. 科学学与科学技术管理, 2018, 39 (7): 88-104.

[119] 杨志波. 制造型企业服务化绩效: 商业模式和文化障碍的中介调节作用研究 [J]. 科技进步与对策, 2018, 35 (2): 103-109.

[120] 邵鹏,胡平. 电子商务平台商业模式创新与演变的案例研究 [J]. 科研管理, 2016, 37 (7): 81-88.

[121] 江积海,廖芮. 商业模式创新中场景价值共创动因及作用机理研究 [J]. 科技进步与对策, 2017, 34 (8): 20-28.

[122] 李黎,莫长炜,蓝海林. 政治资源对商业模式转型的影响: 来自我国中小企业的证据 [J]. 南开管理评论, 2015, 18 (5): 28-41.

[123] 罗兴武,项国鹏,宁鹏,等. 商业模式创新如何影响新创企业绩效?:合法性及政策导向的作用 [J]. 科学学研究,2017,35 (7):1073-1084.

[124] 王素娟,王建智. 商业模式匹配跨界搜索战略对创新绩效的影响 [J]. 科研管理,2016,37 (9):113-122.

[125] 吕鸿江,程明,吴利华. CAS 视角下的商业模式设计与组织适应性 [J]. 管理科学学报,2016,10 (9):94-108.

[126] MARKIDES C, SOSA L. Pioneering and first mover advantages: the importance of business models [J]. Long Range Planning, 2013, 46 (4-5): 325-334.

[127] 刘建国. 商业模式创新,先动市场导向与制造业服务化转型研究 [J]. 科技进步与对策,2016,33 (15):56-61.

[128] AKAKA M A, VARGO S L. Technology as an operant resource in service (eco) systems [J]. Information Systems and e-business Management, 2014, 12 (3): 367-384.

[129] LUSCH R F, NAMBISAN S. Service innovation: a service-dominant logic perspective [J]. MIS Quarterly, 2015, 39 (1): 155-176.

[130] SRIVASTAVA S C, SHAINESH G. Bridging the service divide through digitally enabled service innovations [J]. MIS Quarterly, 2015, 39 (1): 245-268.

[131] CHESTER GODUSCHEIT R, FAULLANT R. Paths toward radical service innovation in manufacturing companies: a service-dominant logic perspective [J]. Journal of Product Innovation Management, 2018, 35 (5): 701-719.

[132] ZHOU D, YAN T, DAI W. Disentangling the interactions within and between servitization and digitalization strategies: a service-dominant logic [J]. International Journal of Production Economics, 2021, 238: 108175.

[133] GIDDENS A. Central problems in social theory: action, structure, and contradiction in social analysis [M]. California: Univ of California Press, 1979.

[134] DESANCTIS G, POOLE M S. Capturing the complexity in advanced technology use: adaptive structuration theory [J]. Organization Science, 1994, 5 (2): 121-147.

[135] SCHMITZ K W, TENG J T, WEBB K J. Capturing the complexity of malleable IT use [J]. MIS Quarterly, 2016, 40 (3): 663-686.

[136] SINCLAIRE J K, VOGUS C E. Adoption of social networking sites: an exploratory adaptive structuration perspective for global organizations [J]. Information Technology and Management, 2011, 12 (4): 293-314.

[137] TURNER J R, MORRIS M, ATAMENWAN I. A theoretical literature review on adaptive structuration theory as its relevance to human resource development [J]. Advances in Developing Human Resources, 2019, 21 (3): 289-302.

[138] ORLIKOWSKI W J. Using technology and constituting structures: a practice lens for studying

technology in organizations [J]. Organization Science, 2000, 11 (4): 404-428.

[139] 樊博, 于元婷. 基于适应性结构化理论的政务数据质量影响因素研究: 以政务 12345 热线数据为例 [J]. 图书情报知识, 2021, 38 (2): 13-24.

[140] MILLER D. The structural and environmental correlates of business strategy [J]. Strategic Management Journal, 1987, 8 (1): 55-76.

[141] MILLER D. Configurations revisited [J]. Strategic Management Journal, 1996, 17 (7): 505-512.

[142] MEYER A D, TSUI A S, HININGS C R. Configurational approaches to organizational analysis [J]. Academy of Management Journal, 1993, 36 (6): 1175-1195.

[143] MILES R E, SNOW C C, MEYER A D. Organizational strategy, structure, and process [J]. Academy of Management Review, 1978, 3 (3): 546-562.

[144] VORHIES D W, MORGAN N A. A configuration theory assessment of marketing organization fit with business strategy and its relationship with marketing performance [J]. Journal of Marketing, 2003, 67 (1): 100-115.

[145] CHESBROUGH H, ROSENBLOOM R S. The role of the business model in capturing value from innovation: evidence from xerox corporation's technology spin-off companies [J]. Industrial and Corporate Change, 2002, 11 (3): 529-555.

[146] 吴小节, 陈小梅, 汪秀琼. 分类理论述评: 一个基于分类化过程的框架 [J]. 南开管理评论, 2020, 23 (6): 200-213.

[147] NICKERSON R C, VARSHNEY U, MUNTERMANN J. A method for taxonomy development and its application in information systems [J]. European Journal of Information Systems, 2013, 22 (3): 336-359.

[148] ABDELKAFI N, MAKHOTIN S, POSSELT T. Business model innovations for electric mobility: what can be learned from existing business model patterns? [J]. International Journal of Innovation Management, 2013, 17 (1): 1-41.

[149] JOHNSON M W, CHRISTENSEN C M, KAGERMANN H. Reinventing your business model [J]. Harvard Business Review, 2008, 86 (12): 57-68.

[150] VARGO S L, LUSCH R F. Service-dominant logic: continuing the evolution [J]. Journal of the Academy of Marketing Science, 2008, 36 (1): 1-10.

[151] 刘祎, 王玮. 工业大数据时代技术示能性研究综述与未来展望 [J]. 科技进步与对策, 2019, 36 (20): 154-160.

[152] KOWALKOWSKI C, GEBAUER H, KAMP B. Servitization and deservitization: overview, concepts, and definitions [J]. Industrial Marketing Management, 2017, 60 (1): 4-10.

[153] KOHTAMÄKI M, PARIDA V, OGHAZI P. Digital servitization business models in ecosystems: a theory of the firm [J]. Journal of Business Research, 2019, 104: 380-392.

[154] 王宗水,秦续忠,赵红,等. 制造业服务化与商业模式创新策略选择[J]. 科学学研究,2018,36(7):1188-1195.

[155] RABETINO R, KOHTAMÄKI M, GEBAUER H. Strategy map of servitization[J]. International Journal of Production Economics,2017,192:144-156.

[156] WEI Z, SONG X, WANG D. Manufacturing flexibility, business model design, and firm performance[J]. International Journal of Production Economics,2017,193:87-97.

[157] FANG E, PALMATIER R W, STEENKAMP J E. Effect of service transition strategies on firm value[J]. Journal of Marketing,2008,72(5):1-14.

[158] BENEDETTINI O, NEELY A, SWINK M. Why do servitized firms fail? a risk-based explanation[J]. International Journal of Operations & Production Management,2015,35(6):946-979.

[159] 陈漫,张新国. 经济周期下的中国制造企业服务转型:嵌入还是混入[J]. 中国工业经济,2016(8):93-109.

[160] COREYNEN W, MATTHYSSENS P, VAN BOCKHAVEN W. Boosting servitization through digitization:pathways and dynamic resource configurations for manufacturers[J]. Industrial Marketing Management,2017,60:42-53.

[161] OPRESNIK D, TAISCH M. The manufacturer's value chain as a service-the case of remanufacturing[J]. Journal of Remanufacturing,2015,5(1):1-23.

[162] RYMASZEWSKA A, HELO P, GUNASEKARAN A. IOT powered servitization of manufacturing:an exploratory case study[J]. International Journal of Production Economics,2017,192(C):92-105.

[163] PARK Y, PAVLOU P A, SARAF N. Configurations for achieving organizational ambidexterity with digitization[J]. Information Systems Research,2020,31(4):1376-1397.

[164] 陈国青,吴刚,顾远东,等. 管理决策情境下大数据驱动的研究和应用挑战①:范式转变与研究方向[J]. 管理科学学报,2018,21(7):1-10.

[165] 柳卸林,董彩婷,丁雪辰. 数字创新时代:中国的机遇与挑战[J]. 科学学与科学技术管理,2020,41(6):3-15.

[166] ADNER R. Ecosystem as structure:an actionable construct for strategy[J]. Journal of Management,2017,43(1):39-58.

[167] ULAGA W, REINARTZ W J. Hybrid offerings:how manufacturing firms combine goods and services successfully[J]. Journal of Marketing,2011,75(6):5-23.

[168] CALLE A D L, FREIJE I, UGARTE J V. Measuring the impact of digital capabilities on product-service innovation in Spanish industries[J]. International Journal of Business Environment,2020,11(3):254-274.

[169] LENKA S, PARIDA V, WINCENT J. Digitalization capabilities as enablers of value co-crea-

tion in servitizing firms [J]. Psychology & Marketing, 2017, 34 (1): 92-100.

[170] 谢康, 夏正豪, 肖静华. 大数据成为现实生产要素的企业实现机制: 产品创新视角 [J]. 中国工业经济, 2020 (5): 42-60.

[171] 吕文晶, 陈劲, 刘进. 工业互联网的智能制造模式与企业平台建设: 基于海尔集团的案例研究 [J]. 中国软科学, 2019 (7): 1-13.

[172] AMIT R, HAN X. Value creation through novel resource configurations in a digitally enabled world [J]. Strategic Entrepreneurship Journal, 2017, 11 (3): 228-242.

[173] 汤临佳, 郑伟伟, 池仁勇. 智能制造创新生态系统的功能评价体系及治理机制 [J]. 科研管理, 2019, 40 (7): 97-105.

[174] 吴晓波, 房珂一, 刘潭飞, 等. 数字情境下制造服务化的治理机制: 契约治理与关系治理研究 [J]. 科学学研究, 2022, 40 (2): 269.

[175] LI L, SU F, ZHANG W. Digital transformation by SME entrepreneurs: a capability perspective [J]. Information Systems Journal, 2018, 28 (6): 1129-1157.

[176] PARK Y, MITHAS S. Organized complexity of digital business strategy: a configurational perspective [J]. MIS Quarterly, 2020, 44 (1): 85-127.

[177] TILSON D, LYYTINEN K, SØRENSEN C. Research commentary——digital infrastructures: the missing IS research agenda [J]. Information Systems Research, 2010, 21 (4): 748-759.

[178] HENFRIDSSON O, BYGSTAD B. The generative mechanisms of digital infrastructure evolution [J]. MIS Quarterly, 2013, 37 (3): 907-931.

[179] 李飞, 乔晗. 数字技术驱动的工业品服务商业模式演进研究: 以金风科技为例 [J]. 管理评论, 2019, 31 (8): 295-304.

[180] ZAKI M. Digital transformation: harnessing digital technologies for the next generation of services [J]. Journal of Services Marketing, 2019, 33: 429-435.

[181] TAO F, QI Q, LIU A. Data-driven smart manufacturing [J]. Journal of Manufacturing Systems, 2018, 48: 157-169.

[182] ARNOLD C, KIEL D, VOIGT K. How the industrial internet of things changes business models in different manufacturing industries [J]. International Journal of Innovation Management, 2016, 20 (8): 1-25.

[183] KALLINIKOS J, ALTONEN A, MARTON A. The ambivalent ontology of digital artifacts [J]. MIS Quarterly, 2013, 37 (2): 357-370.

[184] QUINTON S, CANHOTO A, MOLINILLO S. Conceptualising a digital orientation: antecedents of supporting SME performance in the digital economy [J]. Journal of Strategic Marketing, 2018, 26 (5): 427-439.

[185] NAMBISAN S, WRIGHT M, FELDMAN M. The digital transformation of innovation and en-

trepreneurship: progress, challenges and key themes [J]. Research Policy, 2019, 48 (8): 1-9.

[186] DRNEVICH P L, CROSON D C. Information technology and business-level strategy: toward an integrated theoretical perspective [J]. MIS Quarterly, 2013, 37 (2): 483-509.

[187] ROSS J W, BEATH C M, SEBASTIAN I M. How to develop a great digital strategy [J]. MIT Sloan Management Review, 2017, 58 (2): 7-9.

[188] 周文辉, 邓伟, 陈凌子. 基于滴滴出行的平台企业数据赋能促进价值共创过程研究 [J]. 管理学报, 2018, 15 (8): 1110-1119.

[189] KANE G C, PALMER D, NGUYEN-PHILLIPS A. Achieving digital maturity [J]. MIT Sloan Management Review, 2017, 59 (1): 3-28.

[190] HAMBRICK D C, MASON P A. Upper echelons: the organization as a reflectioof its top managers [J]. Academy of Management Review, 1984, 9 (2): 193-206.

[191] MEHRABI H, COVIELLO N, RANAWEERA C. When is top management team heterogeneity beneficial for product exploration? understanding the role of institutional pressures [J]. Journal of Business Research, 2021 (132): 775-786.

[192] 杨俊, 张玉利, 韩炜, 等. 高管团队能通过商业模式创新塑造新企业竞争优势吗？基于 CPSED Ⅱ 数据库的实证研究 [J]. 管理世界, 2020, 36 (7): 55-76.

[193] 张明, 蓝海林, 陈伟宏, 等. 殊途同归不同效: 战略变革前因组态及其绩效研究 [J]. 管理世界, 2020, 36 (9): 168-186.

[194] BUYL T, BOONE C, HENDRIKS W. Top management team functional diversity and firm performance: the moderating role of CEO characteristics [J]. Journal of Management Studies, 2011, 48 (1): 151-177.

[195] HAMBRICK D C. Upper echelons theory: an update [J]. Academy of Management Review, 2007, 32 (2): 334-343.

[196] GUO B, PANG X, LI W. The role of top management team diversity in shaping the performance of business model innovation: a threshold effect [J]. Technology Analysis & Strategic Management, 2018, 30 (2): 241-253.

[197] NARAYAN S, SIDHU J S, VOLBERDA H W. From attention to action: the influence of cognitive and ideological diversity in top management teams on business model innovation [J]. Journal of Management Studies, 2020, 58 (8): 2082-2110.

[198] OLIVEIRA T, THOMAS M, ESPADANAL M. Assessing the determinants of cloud computing adoption: an analysis of the manufacturing and services sectors [J]. Information & Management, 2014, 51 (5): 497-510.

[199] KAGERMANN H, HELBIG J, HELLINGER A, et al. Recommendations for implementing the strategic initiative INDUSTRIE 4.0: securing the future of German manufacturing industry;

final report of the Industrie 4. 0 Working Group［M］. Berlin：Forschungsunion, 2013.

［200］BAINES T S, LIGHTFOOT H W, BENEDETTINI O. The servitization of manufacturing：a review of literature and reflection on future challenges［J］. Journal of Manufacturing Technology Management, 2009, 20（5）：547 – 567.

［201］KINDSTRÖM D, KOWALKOWSKI C. Service innovation in product-centric firms：a multidimensional business model perspective［J］. Journal of Business & Industrial Marketing, 2014, 29（2）：96 – 111.

［202］VANDERMERWE S, RADA J. Servitization of business：adding value by adding services［J］. European Management Journal, 1988, 6（4）：314 – 324.

［203］PARIDA V, SJÖDIN D, REIM W. Reviewing literature on digitalization, business model innovation, and sustainable industry：past achievements and future promises［J］. Sustainability, 2019, 11（2）：1 – 18.

［204］康志勇. 资助不足抑或过度？中国政府科技创新资助对企业新产品创新影响的非线性检验［J］. 研究与发展管理, 2017, 29（2）：127 – 135.

［205］姚东旻, 朱泳奕. 指引促进还是"锦上添花"？我国财政补贴对企业创新投入的因果关系的再检验［J］. 管理评论, 2019, 31（6）：77 – 90.

［206］陈金亮, 赵雅欣, 林嵩. 智能制造能促进企业创新绩效吗？［J］. 外国经济与管理, 2021, 43（9）：83 – 101.

［207］MARTINS L L, RINDOVA V P, GREENBAUM B E. Unlocking the hidden value of concepts：a cognitive approach to business model innovation［J］. Strategic Entrepreneurship Journal, 2015, 9（1）：99 – 117.

［208］翟淑萍, 张建宇, 杨洁, 等. 环境不确定性、战略性新兴企业商业模式与创新投资绩效：基于高端装备制造行业的经验分析［J］. 科技进步与对策, 2015, 32（18）：68 – 74.

［209］ANDRIES P, DEBACKERE K, VAN LOOY B. Simultaneous experimentation as a learning strategy：business model development under uncertainty［J］. Strategic Entrepreneurship Journal, 2013, 7（4）：288 – 310.

［210］吴珊, 龚业明, 张金隆. 中国智能制造百强评价及发展研究［J］. 管理学报, 2020, 17（2）：159 – 165.

［211］CASTRO R G, ARIÑO M A. A general approach to panel data set-theoretic research［J］. Journal of Advances in Management Sciences & Information Systems, 2016（2）：63 – 76.

［212］叶珍, 邓新明. AMC 视角下多市场接触对企业研发强度的影响：基于全球医药行业的实证研究［J］. 研究与发展管理, 2020, 32（4）：97 – 109.

［213］邓新明, 刘禹, 龙贤义, 等. 高管团队职能异质性与企业绩效关系研究：基于管理者认知和团队冲突的中介分析［J］. 管理工程学报, 2020, 34（3）：32 – 44.

[214] 赵凤, 王铁男, 王宇. 开放式创新中的外部技术获取与产品多元化: 动态能力的调节作用研究 [J]. 管理评论, 2016, 28 (6): 76-85.

[215] 王克敏, 刘静, 李晓溪. 产业政策, 政府支持与公司投资效率研究 [J]. 管理世界, 2017 (3): 113-124.

[216] 李倩, 焦豪. 高管团队内薪酬差距与企业绩效: 顾客需求不确定性与企业成长性的双重视角 [J]. 经济管理, 2021, 43 (6): 53-68.

[217] 张玉磊, 张光宇, 马文聪, 等. 什么样的新型研发机构更具有高创新绩效? 基于 TOE 框架的组态分析 [J]. 科学学研究, 2022, 40 (4): 758-768.

[218] GRECKHAMER T, FURNARI S, FISS P C. Studying configurations with qualitative comparative analysis: best practices in strategy and organization research [J]. Strategic Organization, 2018, 16 (4): 482-495.

[219] PAPPAS I O, WOODSIDE A G. Fuzzy-set qualitative comparative analysis (fsQCA): guidelines for research practice in information systems and marketing [J]. International Journal of Information Management, 2021.

[220] NYLÉN D, HOLMSTRÖM J. Digital innovation strategy: a framework for diagnosing and improving digital product and service innovation [J]. Business Horizons, 2015, 58 (1): 57-67.

[221] ONG W J, JOHNSON M D. Towards a configural theory of job demands and resources [J]. Academy of Management Journal, 2021.

[222] 庄伯超, 余世清, 张红. 供应链集中度, 资金营运和经营绩效: 基于中国制造业上市公司的实证研究 [J]. 软科学, 2015, 29 (3): 9-14.

[223] GENTRY R, DIBRELL C, KIM J. Long-term orientation in publicly traded family businesses: evidence of a dominant logic [J]. Entrepreneurship Theory and Practice, 2016, 40 (4): 733-757.

[224] MARTÍN-PEÑA M, SáNCHEZ-LOPEZ J, DíAZ-GARRIDO E. Servitization and digitalization in manufacturing: the influence on firm performance [J]. Journal of Business & Industrial Marketing, 2020, 35 (3): 564-574.

[225] CHEN Y, VISNJIC I, PARIDA V. On the road to digital servitization: the (dis) continuous interplay between business model and digital technology [J]. International Journal of Operations & Production Management, 2021, 41 (5): 694-722.

[226] 宋竞, 胡顾妍, 何琪. 风险投资与企业技术创新: 产品市场竞争的调节作用 [J]. 管理评论, 2021, 33 (9): 77-88.

[227] 谢卫红, 李忠顺, 李秀敏, 等. 数字化创新研究的知识结构与拓展方向 [J]. 经济管理, 2020, 42 (12): 184-202.

[228] 王水莲, 陈志霞, 于程灏. 制造企业商业模式创新驱动机制研究: 基于模糊集的定性

比较分析 [J]. 科技进步与对策, 2020, 37 (20): 58-65.

[229] 卢阳光, 闵庆飞, 刘锋. 中国智能制造研究现状的可视化分类综述: 基于 CNKI (2005—2018) 的科学计量分析 [J]. 工业工程与管理, 2019, 24 (4): 14-22.

附录1 数字化导向文本分析关键词一览表

维度	关键词
数字技术范围	先进通讯、高级通讯、先进通信、高级通信、先进技术、高级技术应用程序、应用服务、带宽、频宽、区块链、机器人、宽带、云端云计算、云平台、云技术、控制系统、无人机、电子、高速、信息管理、物联网、智慧联网、互联网、因特网、IT解决方案、网络服务、程序化、程控、程序、传感器、感应器、软件、远程信息处理、车联网、远程医疗、远程医学、虚拟、无线网络、wifi、wi-fi、数字技术、车间总线、数控、RFID、射频识别
数字化能力	分析学、解析学、人工智能、AI、自主、大数据、蓝牙、计算、连通、连结、可定制、定制化、深度学习、设计师、开发商、开发者、开发人员、电子、工程师、功能、信息学、综合解决方案、集成解决方案、界面、接口、机器学习、流动、可移动、可编程、可设计、程序员、自动驾驶、聪明、敏捷、串流、流媒体、技术专家、技术人员、技术驱动、技术辅助、无处不在、用户体验、用户界面、服务化、数字化转型、数字化创新、智能、智能制造、数字创新、工业大数据、数据驱动、数字战略、数字化战略、服务型制造、客户导向、以客户为中心、交钥匙工程、交钥匙解决方案
数字生态系统协调	应用程序接口、API、桌面、台式机、装置、设备、终端、电子商务、电商、企业资源规划、企业资源计划、ERP、多渠道、多通道、网络基础设施、全渠道、在线、开源、电话、资源规划系统、资源计划系统、SaaS、软件即服务、软件服务化、智能手机、社交媒体、平板电脑、技术平台、网络、网页、网站、网址、工业互联网平台、大数据平台、智能制造中心、MES系统、PaaS、平台即服务、APP、公众号
数字架构配置	三维打印、3D打印、增材制造、快速成型制造、先进制造、算法、分析工具、自动、首席数字官、CDO、首席信息官、CIO、电脑、计算机、网络、数据、资料、数字、数位化、金融科技、硬件、信息安全、信息系统、信息技术、信息技术基础设施、IT基础设施、信息技术系统、IT系统、操作系统、实时、远程监控、机器人、规范化、智能化、工业互联网、智能算法、数字孪生、数字双胞胎、CPS、信息物理系统、智能车间、数字化车间、数字车间、数字化工厂、数字工厂、智能工厂

附录2 真值表

真值表 (1)

DIG	DO	TMT	SER	GOV	CDU	NUMBER	BM	RAW consist	PRI consist
0	0	1	0	0	0	8	1	0.868	0.764
1	0	1	0	0	0	6	1	0.860	0.699
0	1	1	0	0	1	4	1	0.855	0.651
0	1	1	1	0	0	9	1	0.855	0.701
1	1	0	0	1	1	3	1	0.841	0.590
1	1	1	1	0	1	9	1	0.812	0.593
1	1	1	1	1	1	20	1	0.812	0.600
1	0	1	1	1	0	7	0	0.828	0.493
0	1	0	1	1	0	3	0	0.821	0.465
0	1	0	1	1	1	7	0	0.820	0.536
1	1	1	1	1	0	10	0	0.815	0.527
1	0	1	1	1	1	5	0	0.810	0.511
0	0	0	0	1	0	3	0	0.809	0.545
1	0	0	1	1	0	3	0	0.803	0.421
0	0	1	0	0	1	5	0	0.801	0.516
0	1	1	1	1	1	13	0	0.795	0.519
0	1	0	0	0	0	3	0	0.791	0.618
1	1	1	1	0	0	9	0	0.791	0.546
1	1	0	1	1	1	8	0	0.789	0.408
0	1	0	0	1	0	3	0	0.785	0.530
1	1	0	1	0	0	6	0	0.778	0.490
0	0	1	0	1	0	4	0	0.776	0.486
1	1	0	1	1	0	10	0	0.770	0.442
1	0	1	0	1	1	3	0	0.766	0.455
0	1	0	1	0	0	4	0	0.765	0.457
1	0	0	0	1	0	3	0	0.765	0.376
1	1	0	1	0	1	5	0	0.762	0.435
0	1	1	1	1	0	13	0	0.760	0.430

续表

DIG	DO	TMT	SER	GOV	CDU	NUMBER	BM	RAW consist	PRI consist
0	0	1	1	1	0	7	0	0.759	0.421
0	1	0	0	0	1	4	0	0.755	0.509
0	0	1	0	1	1	3	0	0.754	0.405
1	0	0	0	1	1	5	0	0.750	0.424
1	0	1	1	0	1	5	0	0.748	0.416
0	1	1	1	0	1	10	0	0.735	0.408
0	0	0	1	1	0	5	0	0.732	0.355
0	0	0	0	1	1	7	0	0.729	0.369
0	0	0	1	1	1	6	0	0.726	0.335
0	0	0	0	0	0	14	0	0.722	0.529
0	1	0	1	0	1	6	0	0.719	0.280
0	0	1	1	0	1	5	0	0.713	0.360
0	0	0	1	0	0	8	0	0.710	0.425
1	0	1	1	0	0	8	0	0.709	0.320
1	0	0	0	0	1	10	0	0.705	0.425
1	0	0	1	1	1	10	0	0.697	0.343
0	0	1	1	0	0	7	0	0.695	0.336
1	0	0	1	0	0	12	0	0.688	0.366
0	0	0	0	0	1	10	0	0.646	0.316
1	1	0	0	0	0	4	0	0.638	0.271
0	0	0	1	0	1	9	0	0.546	0.110

注：一致性阈值 0.8、频数阈值 3。逻辑余项未列示。DIG = 数字化基础设施；DO = 数字化导向；TMT = 高管团队异质性；SER = 服务化；GOV = 政府支持；CDU = 顾客需求不确定性；NUMBER = 覆盖案例数；BM = 商业模式。

真值表（2）

DIG	DO	TMT	SER	GOV	CDU	NUMBER	BMC	RAW consist	PRI consist
0	0	1	0	0	0	8	1	0.961	0.935
0	0	0	0	1	0	3	1	0.956	0.895
1	0	0	0	1	0	3	1	0.939	0.852
1	0	1	0	0	0	6	1	0.936	0.884
1	0	0	0	1	1	5	1	0.935	0.882
0	1	0	0	1	0	3	1	0.929	0.840

续表

DIG	DO	TMT	SER	GOV	CDU	NUMBER	BMC	RAW consist	PRI consist
0	0	1	0	1	0	4	1	0.929	0.845
0	0	1	0	0	1	5	1	0.921	0.851
0	1	0	0	0	0	3	1	0.918	0.851
1	1	0	0	1	1	3	1	0.916	0.817
0	0	1	0	1	1	3	1	0.890	0.763
0	1	1	0	0	1	4	1	0.890	0.754
0	1	0	0	0	1	4	1	0.888	0.793
1	0	1	0	1	1	3	1	0.883	0.705
0	0	0	0	0	1	10	1	0.880	0.809
0	0	0	0	1	1	7	1	0.864	0.745
0	0	0	0	0	0	14	1	0.859	0.775
1	0	0	0	0	1	10	0	0.765	0.621
1	1	0	0	0	0	4	0	0.733	0.491
1	1	1	1	0	0	9	0	0.781	0.554
1	1	0	1	0	0	6	0	0.780	0.511
0	1	1	1	0	0	9	0	0.779	0.523
1	1	1	1	0	1	9	0	0.773	0.582
1	0	1	1	1	1	5	0	0.748	0.433
0	1	0	1	1	0	3	0	0.745	0.446
1	1	0	1	1	0	10	0	0.741	0.460
0	1	0	1	0	0	4	0	0.739	0.449
0	0	0	1	0	0	8	0	0.739	0.471
1	1	0	1	0	1	5	0	0.738	0.430
0	0	1	1	1	0	7	0	0.727	0.386
0	1	0	1	1	1	7	0	0.726	0.458
1	1	0	1	1	1	8	0	0.724	0.389
0	1	0	1	0	1	6	0	0.716	0.417
0	1	1	1	0	1	10	0	0.705	0.416
1	1	1	1	1	1	20	0	0.702	0.459
0	0	0	1	1	1	6	0	0.702	0.372
1	1	1	1	1	0	10	0	0.701	0.393
1	0	0	1	1	1	10	0	0.693	0.340
0	1	1	1	1	0	13	0	0.688	0.417
0	1	1	1	1	1	13	0	0.685	0.413

续表

DIG	DO	TMT	SER	GOV	CDU	NUMBER	BMC	RAW consist	PRI consist
0	0	1	1	0	0	7	0	0.670	0.333
1	0	1	1	1	0	7	0	0.669	0.306
1	0	0	1	1	0	3	0	0.663	0.186
0	0	0	1	1	0	5	0	0.661	0.202
0	0	1	1	0	1	5	0	0.659	0.329
0	0	0	1	0	1	9	0	0.640	0.322
1	0	1	1	0	0	8	0	0.632	0.276
1	0	1	1	0	1	5	0	0.621	0.248
1	0	0	1	0	0	12	0	0.605	0.200

注：一致性阈值0.8、频数阈值3。逻辑余项未列示。DIG = 数字化基础设施；DO = 数字化导向；TMT = 高管团队异质性；SER = 服务化；GOV = 政府支持；CDU = 顾客需求不确定性；NUMBER = 覆盖案例数；BMC = 商业模式内容。

真值表（3）

DIG	DO	TMT	SER	GOV	CDU	NUMBER	BMS	RAW consist	PRI consist
1	1	0	1	1	1	8	1	0.846	0.606
0	1	0	1	1	1	7	1	0.834	0.583
1	1	0	0	0	0	4	1	0.816	0.613
0	0	1	0	0	0	8	1	0.814	0.661
1	1	1	1	1	1	20	1	0.800	0.583
0	1	0	1	1	0	3	0	0.808	0.497
0	0	0	0	1	0	3	0	0.804	0.501
0	0	1	0	1	0	4	0	0.800	0.563
0	1	0	1	0	1	6	0	0.793	0.522
1	0	1	1	1	1	5	0	0.788	0.464
1	1	0	1	1	0	10	0	0.785	0.490
0	0	1	0	0	1	5	0	0.783	0.486
0	0	1	0	1	0	3	0	0.782	0.428
0	1	0	0	0	0	3	0	0.781	0.531
0	0	0	1	1	0	5	0	0.781	0.416
1	1	0	1	0	0	6	0	0.780	0.466
0	0	1	1	0	0	7	0	0.780	0.552
1	1	0	1	0	1	5	0	0.778	0.477
0	1	1	1	0	0	9	0	0.777	0.545

续表

DIG	DO	TMT	SER	GOV	CDU	NUMBER	BMS	RAW consist	PRI consist
0	1	1	1	1	0	13	0	0.777	0.490
0	1	0	0	1	0	3	0	0.776	0.497
1	0	0	1	1	1	10	0	0.774	0.510
1	0	1	1	0	1	5	0	0.773	0.487
1	0	1	1	1	1	7	0	0.773	0.501
0	0	0	0	0	0	14	0	0.769	0.580
1	1	1	1	0	1	9	0	0.769	0.512
1	0	0	1	1	0	3	0	0.765	0.442
0	0	0	1	0	0	8	0	0.763	0.505
0	1	1	1	1	1	13	0	0.761	0.466
1	1	1	1	1	0	10	0	0.752	0.446
1	0	1	0	0	0	6	0	0.746	0.523
0	0	1	1	1	0	7	0	0.743	0.355
0	1	0	1	0	0	4	0	0.738	0.443
0	0	1	1	0	0	5	0	0.737	0.470
1	0	1	1	0	0	8	0	0.735	0.442
1	0	0	0	1	1	3	0	0.733	0.331
1	1	0	0	1	1	3	0	0.730	0.426
0	1	1	1	0	1	10	0	0.728	0.458
1	1	1	1	0	0	9	0	0.727	0.410
1	0	0	0	1	0	3	0	0.723	0.326
1	0	0	1	0	0	12	0	0.720	0.429
0	0	0	0	0	1	10	0	0.712	0.436
0	0	0	0	1	1	7	0	0.702	0.335
0	1	1	0	0	1	4	0	0.701	0.366
0	1	0	0	0	1	4	0	0.697	0.380
1	0	0	0	0	1	10	0	0.679	0.416
1	0	0	0	1	1	5	0	0.673	0.408
0	0	0	1	1	1	6	0	0.668	0.267
0	0	0	1	0	1	9	0	0.593	0.259

注：一致性阈值 0.8、频数阈值 3。逻辑余项未列示。DIG = 数字化基础设施；DO = 数字化导向；TMT = 高管团队异质性；SER = 服务化；GOV = 政府支持；CDU = 顾客需求不确定性；NUMBER = 覆盖案例数；BMS = 商业模式结构。

真值表（4）

DIG	DO	TMT	SER	GOV	CDU	NUMBER	BMG	RAW consist	PRI consist
1	0	1	1	0	1	5	1	0.885	0.640
0	1	1	1	0	0	9	1	0.877	0.693
1	1	1	1	1	0	10	1	0.866	0.603
1	1	1	1	1	1	20	1	0.844	0.597
0	1	0	1	1	0	3	0	0.888	0.548
1	0	0	1	1	0	3	0	0.878	0.552
1	0	1	1	1	1	5	0	0.874	0.549
0	0	0	1	1	0	5	0	0.871	0.573
0	1	0	1	1	1	7	0	0.870	0.552
1	0	1	1	1	0	7	0	0.858	0.570
0	1	0	1	0	0	4	0	0.856	0.504
0	0	0	1	1	1	6	0	0.855	0.543
0	0	1	1	1	0	7	0	0.855	0.549
0	1	1	1	1	0	13	0	0.833	0.534
1	1	0	1	1	1	8	0	0.830	0.323
1	1	1	1	0	1	9	0	0.827	0.556
0	1	1	1	1	1	13	0	0.826	0.549
1	1	0	0	1	1	3	0	0.820	0.406
1	1	1	1	0	0	9	0	0.817	0.548
1	1	0	1	0	1	5	0	0.816	0.424
1	1	0	1	1	0	10	0	0.815	0.433
0	0	1	1	0	1	5	0	0.809	0.447
1	0	0	1	1	1	10	0	0.806	0.443
0	0	0	1	0	0	8	0	0.806	0.424
1	1	0	1	0	0	6	0	0.803	0.447
1	0	1	0	1	1	3	0	0.795	0.394
1	0	0	1	0	0	12	0	0.794	0.486
0	1	0	0	1	0	3	0	0.791	0.446
1	0	1	1	0	0	8	0	0.790	0.449
0	1	1	0	0	1	4	0	0.789	0.509
0	0	1	0	0	0	8	0	0.788	0.573
0	1	0	0	0	0	3	0	0.785	0.509
0	0	1	1	0	0	7	0	0.770	0.304

续表

DIG	DO	TMT	SER	GOV	CDU	NUMBER	BMG	RAW consist	PRI consist
1	0	1	0	0	0	6	0	0.769	0.470
0	1	0	1	0	1	6	0	0.768	0.297
1	0	0	0	1	0	3	0	0.766	0.270
0	0	0	0	1	0	3	0	0.758	0.299
0	1	1	1	0	1	10	0	0.741	0.378
0	1	0	0	0	1	4	0	0.723	0.435
1	0	0	0	1	1	5	0	0.709	0.275
0	0	0	0	1	1	7	0	0.705	0.280
0	0	1	0	1	1	3	0	0.702	0.266
0	0	1	0	0	1	5	0	0.702	0.275
0	0	1	0	1	0	4	0	0.699	0.295
1	0	0	0	0	1	10	0	0.679	0.249
0	0	0	1	0	1	9	0	0.641	0.118
1	1	0	0	0	0	4	0	0.639	0.183
0	0	0	0	0	0	14	0	0.620	0.247
0	0	0	0	0	1	10	0	0.564	0.175

注：一致性阈值0.8、频数阈值3。逻辑余项未列示。DIG = 数字化基础设施；DO = 数字化导向；TMT = 高管团队异质性；SER = 服务化；GOV = 政府支持；CDU = 顾客需求不确定性；NUMBER = 覆盖案例数；BMG = 商业模式治理。